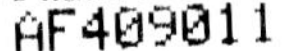
AF409011

* 9 7 8 9 9 4 8 7 2 8 8 5 6 *

الطبعة الأولى

1446/2024

الرقم المعياري الدولي

978-9948-728-85-6

للتواصل مع المؤلف:

abuswed@hotmail.com
@ amjadaboswaid
Dr.amjadaboswaid

النشر والتوزيع: السُمو إنترناشونال

هاتف: 00971506881867

00971504835600

www.alsumu.com

info@alsumu.com

منهج إنسان مع لقمان

الدكتور المجد يوسف أبوسويد

كاتب وباحث في التربية والعلوم الإنسانية

مختص في السلوك المعرفي العلاجي وعلم النفس

مستشار تطوير شخصي ومؤسسي

4

منهج إنسان مع لقمان

أكاديمية الحكمة والتربية عبر التاريخ ..

الفهرس

الموضوع	رقم الصفحة
الاستفادة من الكتاب	7
الإهداء	9
المقدمة	11
الفصل الأول	13
لقمان.. متلقي الحكمة وصانعها	
الفصل الثاني	19
أسس تربية الأبناء وصايا لقمان أُنْمُوذجا	
الفصل الثالث	27
الأبعاد التربوية في سورة لقمان	
الفصل الرابع	31
ضوابط السلوك الإنساني	
الفصل الخامس	35
مقاصد سورة لقمان	
الفصل السادس	39
فضاءات في سورة لقمان	
الفصل السابع	49
الأساليب والاتساق	

الموضوع	رقم الصفحة

الفصل الثامن 73

علمتني سورة لقمان

الفصل التاسع 77

شرح ميسّر لسورة لقمان حسب رقم الآية

الفصل العاشر 85

كنوز الحكمة في سورة لقمان

الفصل الحادي عشر 89

ميزان النفس والغيب

الفصل الثاني عشر 91

طرق اكتساب الحكمة

الفصل الثالث عشر 95

خلاصات مهمة

الفصل الرابع عشر 97

نصائح للأبناء والأجيال

الخاتمة 98

من الذي يستطيع الاستفادة من هذا الكتاب؟

الآباء والأمهات

المعلمون والمعلمات

المُربون والمُشرفون

المُديرون

الدعاة والخطباء

المتطوعون

الطلاب والطالبات

الباحثون عن الحقيقة والطمأنينة

وبوسـع كل إنسـان الاستفادة مـن هذا الكتاب، لتطويـر وتحسين النفس ومهـارات السـلوك والتواصل والنفـع والأثر والفـوز بالدارين (الدنيا والآخرة).

يتناول الكتاب مكارم الأخلاق والأخوة الإنسانية، التي جاءت في وصية لقمان الحكيم لابنه، ويؤكد على ضرورة إعمال العقل والابتعاد عن التقليد، واتباع ما أنزل الله، والتخلي عما سواه من معتقدات وتقاليد غير مناسبة ولا تنسجم مع الفطرة، وتغذية العقول بالعلم والمعرفة والبحث عن الحقيقة، لتزدهر الحياة وتصبح طيبة وتنمو بنور الأفكار.

استثمروا أكبر قدر ممكن من الوقت في القراءة، لتستطيعوا أن تديروا وقتكم بكفاءة، وتتحكموا في عنصر الزمن..

تقبلوا مني هذا الكتاب حول «منهج إنسان مع لقمان»، وستروا عوالم أخرى بين ثنايا حروفه وكلماته، آملاً أن تجدوا فيه ما يسرّكم.

سوف تجدون الكتاب مفيداً وعملياً

إلــى:

أمي الحنونة وملاذي الآمن أطال الله في عمرها، وأمدَّها بالصحة والعافية..

روح أبي الطاهرة.. رحمة الله عليه
قدوتي ومصـدر فخري اللذين لهما الفضـل فيما أنا عليه، فإن حُزت فَضـلاً، فهو لهما قبلي، وإن حُزت ذِكْراً، فاسمهما قبـل اسمي، لأنهما صاحبا هذا الفضـل أولاً وأخيـرا.. أرجو الله سبحانه وتعالى لهما المغفرة والرضوان.

إخواني وأخواتي سندي وأصدقاء عمري..

أبنائي نور حياتي، وأثَري في الدنيا، وأجري في الآخرة..

كل من علمّني عِلما، أو أكسبني خبرة، أو كان لي قدوة..

الأخلّاء والأصحاب والأصدقاء والزملاء

كل من يشرفني باطلاعه على ثمرة جهدي بهذا النتاج المتواضع..

كل إنسان في العالم يبحث عن أسرار وحقيقة وأهداف ورسالة وجوده ويسعى للفوز بالدنيا والآخرة.

لكم مني جميعاً خالص الود والاحترام والتقدير

المقدمة

يستعمل القرآن الكريم أسلوباً تربوياً، ينير من خلاله العقول، ويطمئن القلوب، ويهذّب النفوس، ويدعو إلى التدبّر والتفكّر والتأمل، لتثبيت الإيمان واليقين في القلوب.

وتتضمـن سـورة لقمـان وصايـا وإرشـادات وتوجيهـات، تعالـج قضايـا الإيمـان والعقيـدة والحيـاة. قـال تعالـى

﴿وَإِذْ قَـالَ لُقْمَـانُ لِابْنِـهِ وَهُـوَ يَعِظُـهُ يَـا بُنَـيَّ لَا تُشْـرِكْ بِـاللَّهِ إِنَّ الشِّـرْكَ لَظُلْـمٌ عَظِيـمٌ﴾ (لقمـان 13)

وهـذا يرشـدنا إلى أولويـات المُربـي الحكيـم العاقـل، الـذي يمتلـك رؤيـة واضحـة ورسـالة عظيمـة، فـي التعامـل مـع النشـء، ويجسّـد الغايـة التـي خُلقنـا لهـا، وهـي وظيفتنـا الأساسـية. قال تعالى

﴿وَمَا خَلَقْتُ الْجِنَّ وَالْإِنْسَ إِلَّا لِيَعْبُدُونِ﴾ (الذاريات: 56)

ولا ينبغـي أن يُنسينا الإيقاع السـريع للحيـاة، لا سيما فـي ظل التداعيـات الهائلـة والمخيفـة للعولمـة والتأثيـرات الطاغيـة لثـورة وسـائل التواصل الاجتماعـي، عن النظـرَ إلـى المسـتقبل القريب أو البعيـد، للأبنـاء والمجتمـع والأمـة فـي كل المجـالات، أُولاهـا

وأولها في الاعتبار مجال التربية والتعليم والإعلام.

وقد زخر القرآن الكريم بنماذجَ وأمثلة من الحوارات الأسرية بين الآباء والأبناء، وبين الأزواج والزوجات، ومن الأمثلة التي أخذت مساحة تعبيرية قصة لقمان الحكيم، الذي سمى الله سورة من القرآن الكريم باسمه.

يُمثّل لقمان أنموذج الإنسان الصالح، والأب المُربي المُعلم الشاكر لربّه على ما وهبه من حكمة، فعلَّم ابنه مخاطبا إياه بـ (**يَا بُنَيِّ**) تصغيرا وتحببا وتلطفا ثلاث مرات، فالقرآن الكريم أتى بنماذج هائلة ترسّخ المواعظ والحكمة، وتنفع المرء في دنياه وآخرته، والإرشاد والنصائح بالانتفاع بما يراه ويشهده في هذا العالم، مع الإيمان بأحكام الله وقضائه وقدره، وبما يشاهده من آيات الله الدالة على الحكمة والموعظة.

ويعدُّ هذا الأسلوب، الذي استخدمه لقمان الموصوف مِن قَبَل الله بالحكمة، من أفضل وأحكم الأساليب التي استخدمت في التوجيه والإرشاد قديماً وحديثًا، لأن الناس - وخاصة الأبناء - إذا أحسَّوا بحرص مَن يُرشدهم، وإشفاقهِ عليهم، تمسكوا بنُصحه وتوجيهه، ليصبح اتجاهاً راسخاً لديهم، وعادة متأصلة في سلوكهم، وأسلوباً مميزاً في حياتهم.

الفصل الأول

لقمان.. مُتلقّي الحكمة وصانعُها

لقـد تفجَّـرت ينابيـع الحكمـة علـى لسـان ذاك الإنسـان، الـذي وُصـف بالحكمـة وخصّـه الله بهـا مـن النـاس دون مسـتوى الرسـل والأنبيـاء، فقـد كان إنسـاناً حريصـاً علـى تلقي الحكمـة وتوصيلها للنـاس، بمقتضـى مـا أخبرنـا بـه القـرآن الكريـم، فالحكمـة يؤتيهـا الله تعالـى مـن يشـاء، ويمنُّ بهـا علـى مـن اختـص مـن عبـاده، وكذلـك بعـض الأحيـان تكـون الحِكمـةُ مُكتَسَـبة، يحوزها الإنسـان بفِعـلِ أسـبابِها، وتـركِ موانِعِهـا، ومصاحبـة أهلهـا، متمثلاً وعامـلاً بهـا، فتجري علـى كلماتـه وحواراتـه وسـلوكياته، وتكتسـي بهـا أعمالـه وممارسـاته، ويلحظها النَّـاس في أفعالـه وحركاتـه، ومـا ينشره في مختلـف مواقـع التواصـل الاجتماعـي والفضـاء المفتـوح، فهـي الإصابـة فـي القـول والفعـل.

وأولئك الذيـن أوتـوا العِلـم هذا فضـل مـن الله، والتوفيـق فـي نشـره ونفعـه فضـل آخـر، أمـا الذيـن أوتـوا المـال، فهـذا

فضـل مـن الله، كمـا أن التوفيـق فـي إنفاقـه فـي النفـع الشـخصي وأوجـه الخيـر والعـام، وبالمسـارات السـليمة والنافعـة، فهـذا فضـل آخـر،

وأولئـك الذيـن أوتـوا المَكَانَـة والجـاه هـذا فضـل مـن الله، والتوفيـق فـي إصـدار وتوجيـه القـرارات، لخدمـة النـاس وقضـاء حوائجهـم والسـعي للخيـر والإحسـان إليهـم وللمجتمـع، فذلـك مـن تمـام الخيـر والمعـروف، فقـد فضّـل أهـل العلـم الأعمـال ذات النفـع العـام، التـي تتجـاوز المصلحـة الشـخصية إلـى مـا ينفـع عمـوم النـاس.

وعليـه، فـإن الظفـر بالحكمـة هـو أمـر عظيـم، يضـع الإنسـان علـى مسـار الرسـل والأنبيـاء وفُضـلاء المجتمـع.

والحكمـة ترتكـز علـى العقـل والقلـب والعِلـم والخبـرة والمكانـة والمـال، لتحقيـق المنفعـة والخيـر والإحسـان، وتـرك الأثـر وكسـب الثـواب والفـوز برضـا الله تعالـى، مـا يضمـن توازنـاً وانسـجاماً بيـن النفـس والـذات مـن جهـة، والعلاقـات الشـخصية والمجتمعيـة والوطنيـة مـن جهـة أخـرى، بمـا ينعكـس علـى تعزيـز الاسـتقرار والتَطـوُّر والازدهـار ونشـر الخيـر والطمأنينـة والتكيّـف مـع البيئـة المحيطـة.

ومـن أعطـي **الحكمـة**، فقـد أعطـي أفضـل ممـا أعطـي مـن جمـع الثـروات، فقـد ذكـر الله تعالـى فـي محكـم تنزيلـه

﴿وَمَا أُوتِيتُم مِّنَ الْعِلْمِ إِلَّا قَلِيلًا﴾ (الاسراء 85).

ويقول علي بن أبي طالب رضي الله عنه:

« اَلْمَالُ تَنْقُصُهُ اَلنَّفَقَةُ وَ اَلْعِلْمُ يَزْكُو عَلَى اَلْإِنْفَاقِ».

وقد سمى الله ذلك خيرا كثيرا، لأن ذلك يحتوي جَوامِعَ الكَلِمِ.

قال تعالى

﴿يُؤْتِي الْحِكْمَةَ مَنْ يَشَاءُ وَمَنْ يُؤْتَ الْحِكْمَةَ فَقَدْ أُوتِيَ خَيْرًا كَثِيرًا وَمَا يَذَّكَّرُ إِلَّا أُولُو الْأَلْبَابِ﴾ (البقرة269)

وتحتوي سورة لقمان على ثلاثة أركان عظيمة تتضمن الرؤية والرسالة والأهداف، وهذا لا يتاح لكل الناس، بل يختص الله به من يشاء، وهي العلم النافع والعمل الصالح والسعي للتمكين والإصلاح والتطوير، ومعرفة أسرار الدين والشرائع السماوية، وإن من آتاه الله الحكمة فقد آتاه خيرا كثيرا، وفيه التخصيص بهذا الفضل وكونه من ورثة الأنبياء، فكمال الإنسان متوقف حيازة الحكمة، فبها تنضج قوّتاه العلمية والعملية، إذ بنضج الأولى يتابع مسيرة التعلّم المستمر ومعرفة الحق، فيما يُسهم نضج الثانية في بناء الإنسان وإعمار الأرض.

ولمـا كان الله تعالى فطـر عبـاده علـى الحـق والعمـل الصالـح ومحبـة الخيـر، فقـد بعـث الرسـل مذكريـن لهـم، بمـا عـزز فِطرتهـم وعقولهـم، إذ فسّـروا لهـم شـؤون دينهـم وحياتهـم، وانقسـم النـاس إلـى مـن أجابـوا دعوتهـم، فتذكـروا مـا ينفعهـم ففعلـوه، ومـا يضرهـم فتركـوه، وهؤلاء هـم أولـو الألبـاب.

قال تعالى ﴿وَمَا يَذَّكَّرُ إِلَّا أُولُو الْأَلْبَابِ﴾ (البقرة269)

وقسم لـم يستجيبوا لدعوتهـم، بـل أجابـوا مـا يعـارِض فطرتهم مـن الفسـاد، وتركـوا طاعـة رب العبـاد، فهؤلاء ليسـوا مـن أولـي الألبـاب، قـال تعالى

﴿وَإِذَا تُتْلَى عَلَيْهِ آيَاتُنَا وَلَّى مُسْتَكْبِرًا كَأَن لَّمْ يَسْمَعْهَا كَأَنَّ فِي أُذُنَيْهِ وَقْرًا﴾ (لقمان7)

والحكمـة قناعـة راسـخة وتدبّـر وتفكّـر فـي الأمـور، وهـي صفـوة التجـارب الحياتيـة، وإفـراز الأحـداث والتحديـات ومـا يحتويـه الفضـاء المفتـوح.

«الحكمـة ضالـة المؤمـن، أنّـى وجدها التقطها، فهو أحـرى بها»

والنظـر فـي الحـال والمـآل والواقـع واستخلاص العواقـب، واستشـراف المسـتقبل ومعرفـة المقاصـد، فالرسـالة وتحديـد المسـارات واتضـاح الرؤيـة والأهـداف، هـي محـددات لذلـك كلـه.

والحكمـة ناتـج لجميـع العمليّـات العاطفيّـة والاجتماعيّـة والمعرفيّـة

والعلميّـة، التـي تسـاهم وتعـزّز عمليّـة تحويـل الخبـرة والمعرفـة إلـى حكمـة، لأنهـا مزيـج مـا بيـن المعرفـة والخبـرة والوعـي.

ويحافـظ الحكمـاء علـى هدوئهـم فـي الأوقـات الصعبـة والأزمـات، وهـم قـادرون علـى تحليـل الواقـع والسـعي للعمـل الأفضـل، ومواجهـة التحديـات والبحـث عـن الحلـول، والنظـر إلـى الأحداث والصـور بشـكل أشـمل، لتكـون مكتملـة، فهـم عميقـو التفكيـر، ويجيـدون التأمـل فـي قـدرات النفـس والـذات، ويدركـون حـدود معرفتهـم الخاصـة، ومعـارف المخلصيـن مـن حولهـم، ويفكـرون فـي الحلـول والبدائـل، ولا ينسـون أن الإنسـان متغيـر ومتبـدل الأحـوال، وأن العالـم يتغيـر علـى الـدوام.

وهكـذا، فـإن الحكمـاء ينظـرون إلـى أنفسـهم أنهـا ذات قيمـة عليا، وغايـة الغايـات، ولديهـم حضـور إيجابـي فاعـل فـي الحيـاة، ممتلـئ بالكرامـة، ويرفضـوا الاستبداد، ويعلنـون انتماءهـم للقيم الأخلاقيـة والإنسـانية قـولاً وعمـلاً.

وينبغـي علينـا عـدم الخلـط بيـن الحكمـة والـذكاء، فرغـم أن الـذكاء مفيـد، يمكـن أن يكـون المـرء ذكيـا دون أن يكـون حكيمـا.

كمـا أن الحكمـاء يمكنهـم التعامـل مـع مواقـف تتسـم بعـدم الوضـوح، ومـع ذلـك فهـم متفائلـون بأنـه مهمـا كانـت التحديـات صعبـة والمشـكلات كثيـرة ومعقدة، لا بـد أن هنـاك حلـول، وكمـا أنـه بإمكانهـم التمييـز بيـن الخطـأ والصـواب.

الفصل الثاني

أسس تربية الأبناء.. وصايا لقمان أُنْمُوذجا

– في سورة لقمان هناك وصايا نفيسة للابن بقالب النداءات، يقف المتأملُ فيها على أسس تربية الأبناء والأجيال وهي: **العقيدة والعبادة والأخلاق والدعوة**، والتي تُشكِّل بحق مُجتمعة منهاجاً ودستوراً متكاملاً في كلياته وأصوله، لا يمكن الاستغناء عنه في كل تخطيط تربوي وتعليمي وإعلامي، يستهدف بناء شخصية أخلاقية إبداعية متوازنة.

الأساس الأول: العقيدة (التوحيد)

حمَل النداءُ الأول وصيةَ لقمان لابنه بعدم الشرك بالله لكونه ظلماً عظيما، وحمل النداء الثاني وصيته له بمراقبة الله تعالى الخبير بكل شيء الذي لا تخفى عليه أقوال العباد وأفعالهم، وبين النداءين وصية من الله تعالى للإنسان بالإحسان إلى الوالدين.

وكان أول ما غرس لقمان في ابنه عقيدة التوحيد، لذلك نجد أن البعثة المحمدية جاءت مؤكدة أولوية وأسبقية الإيمان في التربية، لما دعا الرسول صلى الله عليه وسلم الأبوين والأهل إلى الأذان في أذن المولود اليمنى والإقامة له في الأذن اليسرى عند ولادته، وحمَّل الأبوين مسؤولية الحفاظ على فطرة الأبناء وتغذيتها بالإيمان وتحصينها من كل مُؤثر ينحرف بها عن جادة الإسلام ويُحَوِّل وجهتها إلى غير ما يرضي الله تعالى، عن أَبِي هُرَيْرَةَ رَضِيَ اللَّهُ عَنْهُ، أن النَّبِيُّ صَلَّى اللهُ عَلَيْهِ وَسَلَّمَ قال:

"كُلُّ مَوْلُودٍ يُولَدُ عَلَى الفِطْرَةِ ، فَأَبَوَاهُ يُهَوِّدَانِهِ، أَوْ يُنَصِّرَانِهِ، أَوْ يُمَجِّسَانِهِ، كَمَثَلِ البَهِيمَةِ تُنْتَجُ البَهِيمَةَ هَلْ تَرَى فِيهَا جَدْعَاء ."

إن دور الأسرة، بوصفها المهد الأول والحاضن الفطري للتربية، محوريٌّ في تحقيق التربية على الأسس الأربعة، وكذلك يسانده دور المدرسة والمسجد والإعلام.

الأساس الثاني: العبادة (الصلاة)

إن علاقة الإنسان بربه، أول وصية اندرجت ضمن النداء الثالث الأمر بإقامة الصلاة، وجَّه لقمان ابنه في هذه الوصية إلى أداء العبادات، وعمل الطاعات، واختصَّ الصلاة لأنها العبادة الجامعة لكل أنواع العبادات والطاعات من حج وصوم

وإحسان وغيره، فالمُصلي يوجه وجهه للذي فطر السموات والأرض ليؤدي الصلاة، وما يفعله من حركات يُزكِّي بها عن نفسه، كما يمتنع عن الطعام والشراب أثناءها، فضلاً عن أهميتها، حيث لم يفرضها الله على الأرض كغيرها من العبادات، وإنما فرضت عبادةً لا عذر في تركها، فهي تُقام في شريعة الإسلام خمس مرات في اليوم والليلة باستثناء النوافل، لذا اختصَّها لقمان بالذِّكر.

وإقامة الصلاة تهذيب للنفس والأخلاق، واتصال دائم مع الخالق، فالمُصلِّي يَشعر بالسكينة والطمأنينة والراحة إثر الخشوع والسكينة المصاحب لها.

في أداء الأبناء للصلاة يُترجِموا إيمانَهم بالله عمليا، تحقيقاً للعبودية له، وليس عبثا أن يُوجِّه الحبيب المصطفى صلى الله عليه وسلم الآباء والمربين إلى ترغيب الأبناء في الصلاة وتحبيبها إلى قلوبهم في السابعة من عمرهم، ليألفوا أداءها، قال صلى الله عليه وسلّم: «علِّموا أولادَكُمُ الصلاةَ إذا بلَغُوا سبعاً، واضربوهم عليها إذا بلغوا عشْراً، وفرِّقُوا بينهم في المضاجع».

حتى إذا بلغوا سن التكليف وجدْتَهم أشدَّ حرصا على إقامتها في أوقاتها، وتتعلق قلوبهم بالمساجد في الحي والمؤسسة التعليمية وفي أماكن وجودهم.

فالآبـاء مأمورين بالعنايـة بأولادهـم، وتوجيههـم إلى النفـع والخيـر، ويُسـاهم في ذلك المُعلمـون في المدرسـة، والمُربـون والمشـرفون في الحـي والمجتمـع.

مـا أجمـل أن يَنشـأ الأبنـاء والأجيـال علـى طاعـة الله..! تفرح الأسرة بأُولى خطـى الابـن إلى المسـجد، ويُحسِـن عُمَّـار المسـجد وِفـادة الأبنـاء، فتضبـط الصـلاة أوقاتهـم وتحفظهـم، وتنمـي وتعـزز الإيمـان في قلوبهـم، مرسـخة الروح الجماعيـة والشـعور بالانتمـاء للأسـرة والمجتمـع والأمـة.

الأساس الثالث: الأخلاق (تهذيب الأخلاق)

لم تقتصر وصايا لقمـان لابنـه علـى مـا يخص علاقتـه بربـه، بـل شملت مـا يتعلق بعلاقتـه بغيره من النـاس، والآداب في معاملتهم، ومهـارات الاتصـال والتواصل والعلاقات العامـة. ومن توجيهـات سـورة لقمـان التربويـة الحفـاظ علـى أجـواء الـود واللطـف في الحديـث، وهذا كان واضحـا في مواصلـة حديـثه معتمداً علـى الموعظة (يـا بُنَـيَّ).

هـذا الأمـر سـيمنح الابـن شـعورا بالثقـة والسـكينة، وهكـذا سـيزداد لديـه الاطمئنـان القلبـي والرغبـة في السـماع والتعلّـم أكثـر.

واعتمـد فيهـا أسـلوب الإرشـاد والتوجيـه والتهذيـب في التربيـة،

وهـو أسـلوب يتمثَّـل فـي التذكيـر بالإحسـان ونيّـة الخيـر والصـلاح والنفـع والسـلوك الحسـن، بعيـداً عـن التخويـف، وبأسـلوب رقيـق تَغمـره الرحمـة، يَشـعُر معـه المُرَبـى (الابـن أو الطالـب) بخـوف المُربـي عليـه، رحمـة وإشفاقا عليـه، فتلمس النصيحـة شـغاف قلبـه، وتتـرك صداهـا فـي النفس، عندمـا تكـون مؤثـرة ونافعـة، فتفتح طريقهـا إلـى الوجدان وتَستقرُّ فيه.

لقـد أوصـى لقمـان ابنـه بالأخـلاق العاليـة والصبـرُ علـى المصـاب، وعـدمُ إمالـة الوجـه عـن النـاس، وعـدمُ المشـي فـي الأرض تكبّـراً، والقصـدُ فـي المشـي، وخفـض الصـوت، ويعتبـرُ تهذيـب الأخـلاق وتحسـينها مـن أهـم مظاهـر الحكمـة فـي القرآن الكريـم ومقاصد البعثـة النبويـة، إنمـا بُعِث الرسـول صلـى الله عليـه وسـلم متممـا لمكـارم الأخـلاق، وكان أحسـنَ النـاس خلقـا، فربّـى صحابتـه علـى فضائـل الأخـلاق ومحاسـن العـادات. فالعنايـة بأخـلاق الأبنـاء محـور أساسـي لتربيـة إيمانية متوازنـة، تُزيِّـن العلاقـات الأسـرية والمدرسـية والاجتماعيـة بفضائـل عاليـة.

إن هـذه العنايـة ضروريـة، لتنقلنـا مـن واقـع التشـتت وضعف القيـم الناتـج عن التفريـط الأسري والنقص في بعض المحتويـات التربويـة والتعليميـة والبرامـج الإعلاميـة، إلـى حيث

نعيــش الأخــوّة الإنســانية والإيمانيـة الحقــة، ولنصبــح مــلاذا أخلاقيـاً للإنســانية المتعطشــة لِقِيـم الأمـان والمحبـة والسـلام.

الأساس الرابع: الـدعوة (مُحسن ومُصلح)

لقـد أوصـى لقمـان ابنـه بالأمـر بالمعروف والنهـي عن المنكـر، ليكـون مُصلحـا، بعـد أن سَلِمت عقيدتـه وعبادتـه وحَسُنت أخلاقـه، مستخدما كل المدارك والقدرات فـي سبيل الدعـوة إلـى الخير والنفـع، ومـن ثمَّ فهـو أولـى النـاس بالالتزام بهـذا المعـروف، وهـذا هـو الحـال مـع النهـي عـن المُنكَـر، فالناهـي عـن شـيء مُـدرك لمضارّه، فهـو أجـدر علـى اجتنابهـا، ومـن ثـمَّ تُصبـح هـذه الوصيـة حصنـا يحمي الأبنـاء والأجيـال والأسـرة والمجتمـع.

إن اكتسـاب الأبنـاء فـي ميدان التربيـة القدرةَ علـى التمييـز بين المعـروف والمنكر، خطوةٌ مهمـة للأمر بـالأول والنهـي عـن الثانـي، وذلـك رهـنٌ بتعليـم متميّـز ونافـع وإرشـادات واضحـة ومهمـة، وتربيـة واقيـة وإعـلام هـادف فـي مقدمتـه إعـلام الأطفـال والناشـئة والشـباب، وتسـودُ قيـم الحـوار والتواصـل والحريـة والنقـد البَنَّـاء، وتُكتشـف المواهـب والطاقـات فـي كل العلـوم المعرفيـة والفنيـة وتُـدرب وتُصقل وتُوجه لتنميـة وبنـاء المجتمـع والأمـة، بمـا يخـدم الأهـداف ويحقـق النتائـج.

إن أسس التربية الأربعة **(العقيدة والعبادة والأخلاق والدعوة)**، تحتاج إلى تفكير عميق من الآباء والأمهات والتربويين وصناع القرار التربوي والاجتماعي، لاكتشاف وتوليد رؤى تربوية متخصصة تراعي تلبية احتياجات الأبناء وخاصة الأخلاقية والنفسية والتعليمية والصحية، وتطبّق في الأسرة والمدرسة وكافة المؤسسات التربوية والاجتماعية والجامعية ومؤسسات المجتمع المدني، ويُوفِّرُ وجودها، عبر وسائل وأساليب مختلفة، لضمان بيئةً تربوية سليمة تُحفظ فيها الفِطَرُ وتَنْشأ فيها أجيال قادرة على بناء الحضارة والنهوض بالأمـة.

إن التفكير بتحقيق المنفعة والفائدة هو قيمة إنسانية وأخلاقية ومجتمعية.

الفصل الثالث

الأبعاد التربوية في سورة لقمان

إن التشـريعات الحكيمـة تبيــن لنـا المسـارات والأسـاليب والوسـائل، التـي نطبّـق مـن خلالهـا التربيـة السـليمة بأفضـل مـا يمكن، كمـا ذكرنـا في الفصـل السـابق الركـن الأول بأسسـه الأربعـة للتربيـة، فـإن الركـن التالـي هـو الأبعـاد التربويـة، والتـي لـم تُتـرَك لـلآراء والأهـواء، فـي تشـكيل شخصية الأبناء، بمـا تتطلبـه الأهـواء المتباينـة.

لقـد وضـع لنـا منهـج إنسـان مـع لقمـان ملامـح الشخصية الأخلاقيـة الإبداعيـة المتكاملـة، التـي تمثل الإنسـان في أرقى درجـات كمالـه الممكنـة، وأرشـدنا لنبنـي مـن خلالها الأبنـاء والأجيـال، فالإنسـان الرشـيد، هـو مـن يبحـث عـن تنفيـذ الأوامـر الإلهيـة، وفـق مقاصدهـا الحكيمـة، وليـس الـذي ينتظـر مـا تقولـه الدراسـات، التـي قـد تكـون غيـر دقيقـة أو مُغرضـة، ويُحدثـه بعـض النـاس وترويـه الحكايـات والروايـات، ليحكمـوا فيـه

النــاس حــلالاً أو حرامــاً، أو صحــة أو بطلانــاً.

ونــرى مــن مواصفــات الشــخصية المتكاملــة أن هنــاك أبعــادا خمســة، مــن اتبعهـا كملـت شخصيته، وأصبـح متحققـا بمـراد الله مــن وجـوده ومـدركا لرسـالته، وهـذه الأبعــاد هـي:

البعد الإيماني: وهو المعارف الإيمانيـة العميقـة، التي تشكل قناعــات المؤمـن العقليــة والنفسية، وتبرمجـه بعـد ذلـك ليسـير في الحيــاة، وفـق مـا تمليـه حقيقـة الكون والإنسـان والحيـاة.

البعد النفسي: وهو مـا ينتجـه البعـد الإيمانـي مـن آثـار في نفس الإنسـان، ليصلهـا بـالله عبوديـة وخشـوعا واتباعـا لأوامره.

البعد الأخلاقي: وهـو تهذيـب النفس وفق الآداب الشـرعية، وصبغها بلبـوس إنسـاني ترفـع عنهـا مـا تتطلبـه طبيعتهـا مـن سـلوكيات قد تخرجهـا عـن الكمـال الإنسـاني إلـى البهيميـة.

البعد الاجتماعي: وهـو الارتبـاط الصحيـح بالمجتمـع، وأن يكـون الإنسـان مؤثـرا إيجابيـا فيـه، ومُحافظـا علـى فطرتـه، فيتـأدب معـه وفـق مـا تتطلبـه العلاقـات الاجتماعيـة مـن آداب وسـلوكيات، مـع المحافظـة علـى الأصالـة وتحقيـق المعاصـرة.

البعد المعرفي: وهـو التـزود بـكل العلـوم والمعـارف التـي أتاحهـا الله للإنسـان، ليتعـرف مـن خلالهـا علـى أسـرار حقيقتـه والكـون،

وبهـذه الأبعــاد الخمســة يُبنـى الإنسـان، كمـا أنـه بـالأركان

الخمسـة يُبنـى الإسلام، وهذه الأبعـاد اقتبـاس مـن تلك الأركان.
فشـهادتا أن لا إلـه إلا الله وأن محمـدا رسـول الله، بمـا تحملانـه
مـن معـارف عميقـة، تشـيران إلـى البعـد الإيمانـي،
والصلاة بما تحمله من صلة بالله، تشير إلى البعد النفسي،
والصيام بمـا يحمله مـن الصبـر والانضباط والتأثير الإيجابي
وتهذيب الطبيعـة الإنسانية، يشير إلى البعد الأخلاقي،
والزكاة بمـا تحمله من تكافل اجتماعـي، وحب البذل والعطاء،
وتطهير وتزكيـة النفس، والإحسـاس بالآخرين، تشير إلـى البعد
الاجتماعي، والحج بما يحمله من سعي في الأرض، والتعرّف على
خلق الله، وكسب المعرفة والتعلّم والتعاون والتكامل، يشير إلى البعد
المعرفي.

الفصل الرابع

ضوابط السلوك الإنساني في سورة لقمان

تستقيم الحيـاة بقوانين الانضبـاط الأخلاقـي والسـلوكي، لضبط تصرفـات الإنسـان في معظـم النواحي الحياتيـة منهـا:

- **الناحيـة الأسرية:** مـن خـلال علاقـة الإنسـان بأسـرته المبنيـة علـى الـود والرحمـة والتآلـف والتفهّم والسـتر، مـن أجـل الاستقرار الأسـري، لأن الأسـرة هـي اللبنـة الأولـى للمجتمـع والبيئـة الأولـى لبنـاء الإنسـان.

- **الناحية العقدية:** إن الله سبحانه وتعالى ربُّ كل شيء ومليكه، وأنـه الخالـق وحده، المدبّر للكون كله، بحيث لا يتيه الإنسان ولا يشـقى فـي الوصـول إلـى معبـوده الحقيقي، بإدراكـه للأمور التي تطمئن إليها القلوب، وتصدق بها النفوس، وتكون يقينـاً عنـد أصحابهـا، لا يخالطـها شـك، لينتج بعـد إيمانـي في نفس الإنسان، ليصلها بـالله عبوديـة وخشـوعا.

- **الناحية الاجتماعية:** علاقة الإنسان ببيئته من أهل وأقارب وجيران وزملاء وأبناء المجتمع كافة، حيث ضبط الدين سلوكياته وتصرفاته بأن يتواضع للناس بكافة أطيافهم وطبقاتهم ولا يتكبّر عليهم، ويخاطبهم باللين والحكمة والموعظة الحسنة.

- **الناحية النفسية:** حيث إنه من المهم أن ينتبه الإنسان إلى نفسه وسلوكه وتصرفاته سواء مع الخالق أم الخلق، وتعزيز التوازن النفسي، الذي يعتمد كثيرا على تقدير الإنسان لنفسه بإمكاناتها وقدراتها.

وتبين سورة لقمان بعض هذه الضوابط، التي ينبغي على الإنسان الحرص عليها والتمسك بها، وهذا النموذج القرآني الذي جاء في سورة لقمان يعطينا دروساً مهمة، وضوابط سلوكية فردية متنوعة، منها ضبط الصوت والمشي والسير بين الناس، فقد قال تعالى

﴿وَلَا تُصَعِّرْ خَدَّكَ لِلنَّاسِ وَلَا تَمْشِ فِي الْأَرْضِ مَرَحًا إِنَّ اللَّهَ لَا يُحِبُّ كُلَّ مُخْتَالٍ فَخُورٍ *وَاقْصِدْ فِي مَشْيِكَ وَاغْضُضْ مِن صَوْتِكَ إِنَّ أَنكَرَ الْأَصْوَاتِ لَصَوْتُ الْحَمِيرِ *﴾ (لقمان18-19)

هذه الضوابط التي تحدد سلوك الفرد، والتي بدورها تنعكس على الأسرة والمجتمع، ليتمتعا بالأخلاق الحميدة

والسـلوكيات الراقيـة والمبـادئ الرفيعـة.

لهـذا، يُعـدّ الحـوار الـذي دار بيـن لقمـان الحكيـم وابنـه مـن أفضـل وأرقـى الأمثلـة، التـي تحـدد ضوابـط السلوك الإنسـاني، وتسـمو بالإنسـان حتـى يكـون مُحسـناً ومُصلحـاً لنفسـه وقـدوة ومؤثـراً ونافعـاً لغيـره، فالتمسـك بهـذه الضوابـط هـو غايـة الديـن ومقصـده، لأنَّ أهـم الضوابـط فـي حيـاة الإنسـان والبشـرية جمعـاء هـي توحيـد الله عـز وجـل. لـذا، يجـب الاهتمـام بجوانـب السـلوك الإنسـاني، مـن حيـث التصرفـات فـي كافـة مجـالات الحيـاة، وكذلـك إن الضبـط السـلوكي للإنسـان ليـس خاصـاً بمجتمـع معيّـن، بـل يشـمل جميـع النـاس، وإن لقمـان لـم يعـش فـي عهـد النبـي محمد صلـى الله عليـه وسـلم، كمـا أنـه ليـس نبيـا كمـا يعتقـد البعـض.

إن الرغبـة فـي تحقيـق مقاصـد القـرآن الكريـم، عبـر هدايـة النـاس وإرشـادهم إلـى مـا يُقيـم حياتهم ويضبـط سـلوكياتهم، كمـا يجـب تشـجيع الآبـاء والأمهـات والمعلميـن والمربيـن والمعنييـن علـى تربيـة وتعليـم الأبنـاء مراقبـة الله فـي السـر والعلـن، ومراقبـة الإنسـان لتصرفاتـه وسـلوكياته.

الفصل الخامس

مقاصد سورة لقمان

تضمنت سورة لقمان عدداً من المقاصد، نذكر منها:

- بيان قدرة الله في الخلق والإبداع والإيجاد والإمداد.

- التنويــه بذكر لقمان بــأن آتــاه الله الحكمــة، وأمــره بشــكر النعمــة، وذكـر وصايـاه ومـا اشـتملت عليـه مـن التحذيـر مـن الشـرك بـالله، والأمـر ببـر الوالديـن ومراقبـة الله، لأنـه عليم بذات الصـدور وخفايـا الأمـور، وإقامـة الصـلاة، والأمـر بالمعـروف والنهـي عـن المنكـر، والصبـر، والتحذيـر مـن الكِبـر، والأمـر بالتواضـع والقصد في المشـي واللين في الكـلام.

- إثبــات الحكمــة للقـرآن الكريــم، وقصة لقمان عليـه السـلام، المسـمى بهـا السـورة، دليـل واضـح علـى ذلك.

- صُدِّرت السـورة بالتنويـه بهدي القرآن، ليعلم النـاس أنـه لا

يشتمل إلا على ما فيه هدى وإرشاد للخير والهداية والصلاح، فلا التفات فيه إلى أخبار أهل الضلال والمتجبرين إلا في مقام التحذير مما هم فيه ومن عواقبه، فكانت بداية هذه السورة تمهيداً لقصة لقمان.

- عالجت السورة قضية العقيدة في نفوس المشركين الذين انحرفوا عن حقيقة توحيد الخالق وعبادته وحده، وشكر آلائه، واليقين بالآخرة وما فيها من حساب دقيق وجزاء عادل، واتباع ما أنزل الله والتخلي عما عداه من مألوفات ومعتقدات.

- ذكّرت المشركين بدلائل وحدانية الله تعالى وبنعمه عليهم، وكيف أعرضوا عن نهجه، وتمسكوا بما أَلِفوا عليه آباءهم.

- بينت السورة أهمية ومزايا الإسلام، وأنه الدين الحق، من تمسّك به فقد اهتدى وفاز، ومن أعرض عنه فقد ضل ضلالاً بعيداً، وخسر خسراناً مبيناً.

- تضمنت السورة تصبيرا للرسول الكريم صلى الله عليه وسلم بتمسك المسلمين بالعروة الوثقى، وأنه لا يحزنه كفر من كفروا.

- بيــان امتــداد علــم الله سبحانه بــلا نهايـة، وانطــلاق مشـيئته في الخلـق والإنشـاء بــلا حـدود، قـال تعالى
﴿وَلَوۡ أَنَّمَا فِي ٱلۡأَرۡضِ مِن شَجَرَةٍ أَقۡلَٰمٌ وَٱلۡبَحۡرُ يَمُدُّهُ مِن بَعۡدِهِۦ سَبۡعَةُ أَبۡحُرٍ مَّا نَفِدَتۡ كَلِمَٰتُ ٱللَّهِ إِنَّ ٱللَّهَ عَزِيزٌ حَكِيمٌ﴾ (لقمان27)
وجَعْلُ هذا دليلاً كونيًّا على البعث والإعادة والخلق والإنشاء.

- بينت السـورة أن قضيـة الجـزاء فـي الآخـرة مرتبطـة بقضيـة الإيمــان والكفر.

- بيــان طبيعـة النفـس الإنسـانية، وأنــه إذا داهمهـا الخطـر لجـأت إليـه سبحانه وتعالــى، ثـم إذا كشـف الخطـر عنهـا، فمـن تلـك النفـوس مـن تبقـى مستمسكة بمـا عاهدت الله عليـه، ومنهـا مـن ترتـد على عقبيهـا، وتجحـد نعمـة الله عليهـا.

- بيــان أهميـة التقـوى فـي حيـاة الإنسـان، وأنـه لا ينفعـه يـوم الحسـاب إلا مــا قدمـه مـن عمـل صالـح، ولا يغنـي عنـه يـوم الحسـاب عمـل الآخريـن، ولـو كانـوا أقـرب النـاس إليـه.

الفصل السادس

فضاءات في سورة لقمان

القرآن الكريم فيه مخاطبة للفطرة البشرية بمنطقها، نزّله الذي فطر الناس عليها، ويعلم كيف يُخاطبها وما يناسبها، ومداخلها ومكنوناتها وما يناسبها ويُصلحها، جاء يعرض على هذه الفطرة الحقيقة المكنونة فيها من قبل، والتي تعرفها قبل أن تخاطب بهذا القرآن، لأنها قائمة عليها أصلاً في تكوينها حقيقة توحيد الخالق، والتوجه إليه وحده بالإنابة والعبادة مع مواكب الوجود كله المتجه إلى خالقه بالحمد والتسبيح.

إنما تخشى على الفطرة مما يصيبها من تلّوث البيئة المحيطة، والاختلافات الفكرية ومواقع الإنترنت والفضاء المفتوح، وأحياناً تنحرف بها عبر موجات من الشهوات، هنا يكون الدور الرئيسي للقرآن الكريم أن يخاطب الفطرة بمنطقها الذي تعرفه، ويعرض عليها الحقيقة التي غفلت عنها

بالأسلوب الذي تألفه، ويقيم على أساس هذه الحقيقة منهاج الحياة كله، مستقيماً مع العقيدة والفِطرة، وعلى الطريق إلى الخالق الواحد الحي القيّوم.

وسورة لقمان نموذج من النماذج القرآنية في مخاطبة القلب والعقل البشري، وهي تعالج قضية العقيدة في نفوس غير المؤمنين الذين انحرفوا عن تلك الحقيقة، إنها القضية التي تعالجها السور القرآنية في أساليب شتى، ومن زوايا متنوعة، تتناول القلب البشري من جميع جوانبه، وتلمسه بشتى المؤثرات التي تخاطب الفطرة وتوقظها وتنهض بالبشرية من خلالها، إنها قضية العقيدة في توحيد الخالق وعبادته وحده وشكر آلائه، وفي اليقين بالآخرة وما فيها من حساب دقيق وجزاء عادل، وفي اتباع ما أنزل الله والتخلي عما عداه من معتقدات.

وسورة لقمان تعرض هذه القضية بطريقة تستدعي التفكّر والتدبّر لإدراك الأسلوب القرآني العجيب في مخاطبة الفِطر والقلوب والعقول.

وكل داعٍ إلى الله في حاجة إلى تفكّر وتدبّر هذا الكون الكبير وما يحتويه من كائنات و سماوات وأرض، وأجواء

وبحـار، وشـمس وقمـر، ونهـار وليـل، ومـزن وأمطـار، ونباتات وأشـجار، وجبـال وأنهـار.

ومـن خـلال هـذا المجـال الكونـي المتكـرر كثيـراً فـي القـرآن الكريـم، تعتـاد الفطـرة المسـارات والمسـالك والـدروب السـليمة، وتعـرض فـي هـذه السـورة أربـع رحـلات عميقـة، تطـوف كل منهـا بالنفـس البشـرية فـي ذلـك المجـال الرحـب، مصطحبـة فـي كل مـرة مؤثـرات وأسـاليب جديـدة، فيهـا تأثيـر واسـتجابة، وتتبـع هـذه الرحـلات بدايـة ونهايـة، فيهـا سـكينة للنفـس وطمأنينة للقلـب وهـدوء للعقـل.

تبـدأ السـورة بالأحـرف المُقطعـة، هـي آيـات الكتـاب الحكيـم، وهـي هـدى ورحمـة للمُحسـنين، الذيـن وصفهـم فـي قولـه تعالى ﴿الَّذِيـنَ يُقِيمُـونَ الصَّـلَاةَ وَيُؤْثُـونَ الـزَّكَاةَ وَهُـم بِالْآخِـرَةِ هُـمْ يُوقِنُـونَ﴾ (لقمـان4)

فتقـرر قضيـة اليقيـن بالآخـرة وقضيـة العبـادة لله، ومعهـا مؤثر نفسـي عميـق وواضـح وفيـه يقيـن فـي قولـه تعالى ﴿أُولَئِكَ عَلَى هُدًى مِّن رَّبِّهِمْ وَأُولَئِكَ هُمُ الْمُفْلِحُونَ﴾ (لقمان5)

وفـي الجانـب الآخـر نـوع مـن النـاس يشـتري لهـو الحديـث ليضـل عـن سـبيل الله بغيـر علـم، ويتخـذ تلـك الآيات هزواً، ولقد

كثروا في العصر الحديث، وخاصة في ظل مواقع التواصل الاجتماعي، وهؤلاء لهم تأثير نفسي خَطِر لاستهزائهم بآيات الله، ويصف الله تصرفات هذا النوع من الناس، بقوله تعالى ﴿وَإِذَا تُتْلَىٰ عَلَيْهِ آيَاتُنَا وَلَّىٰ مُسْتَكْبِرًا كَأَن لَّمْ يَسْمَعْهَا كَأَنَّ فِي أُذُنَيْهِ وَقْرًا فَبَشِّرْهُ بِعَذَابٍ أَلِيمٍ﴾ (لقمان7)

ويعرض فوز وفَلاح المؤمنين، بقوله تعالى ﴿إِنَّ الَّذِينَ آمَنُوا وَعَمِلُوا الصَّالِحَاتِ لَهُمْ جَنَّاتُ النَّعِيمِ﴾ (لقمان8) ويبرهن مجال الكون الرحب ومخلوقاته الهائلة، والذي يواجه الفطرة بالحق، ويخاطبها بألسنة مختلفة، قال تعالى ﴿خلق السَّمَاوَاتِ بِغَيْرِ عَمَدٍ تَرَوْنَهَا وَأَلْقَىٰ فِي الْأَرْضِ رَوَاسِيَ أَن تَمِيدَ بِكُمْ وَبَثَّ فِيهَا مِن كُلِّ دَابَّةٍ وَأَنزَلْنَا مِنَ السَّمَاءِ مَاءً فَأَنبَتْنَا فِيهَا مِن كُلِّ زَوْجٍ كَرِيمٍ﴾ (لقمان10) وعند هذا الاشتمال الكوني الضخم العميق تنتهي الرحلة الأولى بقضاياها ومؤثراتها معروضة في ساحة الكون الكبير.

والرحلة الثانية تبدأ، من خلال النفوس الآدمية، وتتناول القضية ذاتها في المجال ذاته بأسلوب جديد. ولقد آتينا لقمان الحكمة، فما طبيعة هذه الحكمة وما

مظهرها الفريد؟

إنها تتلخص في الشكر لله، قال تعالى

﴿أَنِ اشْكُرْ لِلَّهِ وَمَن يَشْكُرْ فَإِنَّمَا يَشْكُرُ لِنَفْسِهِ﴾ (لقمان12).

فهذه هي الحكمة وهذا هو المسار الحكيم، والمسار التالي هو نصيحة لقمان الحكيم لابنه، نصيحة والد لولده، نصيحة المربِّي للمُربَّى، هذه النصيحة تقرر قضية التوحيد لله والتي قررتها الرحلة الأولى وقضية الآخرة، كذلك مصحوبة بهذه المؤثرات النفسية ومعها مؤثرات جديدة في قوله تعالى

﴿وَإِذْ قَالَ لُقْمَانُ لِابْنِهِ وَهُوَ يَعِظُهُ يَا بُنَيَّ لَا تُشْرِكْ بِاللَّهِ إِنَّ الشِّرْكَ لَظُلْمٌ عَظِيمٌ﴾ (لقمان13)

ويؤكد هذه القضية بمؤثر عميق يفيض تعاطفاً ورحمةً، فيعرض علاقة الأبوّة والأمومة بأسلوب رائع، ويقرن قضية الشكر لله بالشكر للوالدين، قال تعالى

﴿وَوَصَّيْنَا الْإِنسَانَ بِوَالِدَيْهِ حَمَلَتْهُ أُمُّهُ وَهْنًا عَلَى وَهْنٍ وَفِصَالُهُ فِي عَامَيْنِ أَنِ اشْكُرْ لِي وَلِوَالِدَيْكَ إِلَيَّ الْمَصِيرُ﴾ (لقمان 14).

ثم يقرر القاعدة الأولى في قضية العقيدة، وهي أن رابطة العقيدة هي الرابطة الأولى ومقدمة على رابط النسب، ثم يقرر سبحانه وتعالى قضية الآخرة، قال تعالى

﴿وَإِن جَاهَدَاكَ عَلَى أَن تُشْرِكَ بِي مَا لَيْسَ لَكَ بِهِ عِلْمٌ فَلَا

تُطِعْهُمَا وَصَاحِبْهُمَا فِي الدُّنْيَا مَعْرُوفًا وَاتَّبِعْ سَبِيلَ مَنْ أَنَابَ إِلَيَّ ثُمَّ إِلَيَّ مَرْجِعُكُمْ فَأُنَبِّئُكُمْ بِمَا كُنْتُمْ تَعْمَلُونَ﴾ (لقمان 15) إن الوجدان الإنساني يرتجف في تصوّر عظمة الخالق وعلمه وإدراكه ودقته وشموله، قال تعالى ﴿يَا بُنَيَّ إِنَّهَا إِن تَكُ مِثْقَالَ حَبَّةٍ مِّنْ خَرْدَلٍ فَتَكُن فِي صَخْرَةٍ أَوْ فِي السَّمَاوَاتِ أَوْ فِي الْأَرْضِ يَأْتِ بِهَا اللَّهُ إِنَّ اللَّهَ لَطِيفٌ خَبِيرٌ﴾ (لقمان16) ثم يتابع لقمان وصيته لابنه والتأكيد عليه، بإقامة الصلاة والأمر بالمعروف والنهي عن المنكر، والصبر على الابتلاءات ومواجهة التحديات والمتاعب، قال تعالى ﴿يَا بُنَيَّ أَقِمِ الصَّلَاةَ وَأْمُرْ بِالْمَعْرُوفِ وَانْهَ عَنِ الْمُنكَرِ وَاصْبِرْ عَلَى مَا أَصَابَكَ إِنَّ ذَلِكَ مِنْ عَزْمِ الْأُمُورِ﴾ (لقمان17) ومع الأمر بالمعروف والنهي عن المنكر والصبر على المصاب، والأدب الواجب والتأدب في الدعوة إلى الله وعدم التكبّر على الناس ، قال تعالى ﴿وَلَا تُصَعِّرْ خَدَّكَ لِلنَّاسِ وَلَا تَمْشِ فِي الْأَرْضِ مَرَحًا إِنَّ اللَّهَ لَا يُحِبُّ كُلَّ مُخْتَالٍ فَخُورٍ﴾ (لقمان18)

والرحلة الثالثة تبدأ بعرض القضية المعهودة في مجال السماوات والأرض، مصحوبة بمؤثر منتزع من علاقة الناس بالسماوات والأرض وما فيها من نعم سخرها الله للناس وهم

لا يشــكرون، قــال تعالــى ﴿أَلَـمْ تَـرَوْا أَنَّ اللَّهَ سَخَّـرَ لَكُـم مَّـا فِي السَّمَاوَاتِ وَمَـا فِي الْأَرْضِ وَأَسْبَغَ عَلَيْكُمْ نِعَمَـهُ ظَاهِرَةً وَبَاطِنَـةً وَمِنَ النَّـاسِ مَـن يُجَـادِلُ فِي اللَّهِ بِغَيْرِ عِلْمٍ وَلَا هُدًى وَلَا كِتَابٍ مُّنِيرٍ﴾ (لقمان20).

ويتابـع استنكار موقف الشِرك والجمـود والجهـل، وهو موقف سَقيم وجهـول، ويتبعـه بمؤثر مُخيـف، قـال تعالـى ﴿وَإِذَا قِيـلَ لَهُمُ اتَّبِعُـوا مَـا أَنـزَلَ اللَّهُ قَالُـوا بَـلْ نَتَّبِـعُ مَـا وَجَدْنَـا عَلَيْـهِ آبَاءَنَـا أَوَلَـوْ كَانَ الشَّـيْطَانُ يَدْعُوهُـمْ إِلَـىٰ عَذَابِ السَّـعِيرِ﴾ (لقمان21).

ومـن ثـم يعـرض قضيـة الجـزاء فـي الآخـرة مرتبطـة بقضيـة الإيمـان والكفـر، قـال تعالـى

﴿وَمَن يُسْلِمْ وَجْهَهُ إِلَى اللَّهِ وَهُوَ مُحْسِنٌ فَقَدِ اسْتَمْسَكَ بِالْعُرْوَةِ الْوُثْقَىٰ وَإِلَى اللَّهِ عَاقِبَةُ الْأُمُورِ * وَمَن كَفَرَ فَلَا يَحْزُنكَ كُفْرُهُ إِلَيْنَا مَرْجِعُهُمْ فَنُنَبِّئُهُم بِمَا عَمِلُوا إِنَّ اللَّهَ عَلِيمٌ بِذَاتِ الصُّدُورِ﴾* (لقمان22-23)

ويصحب ذلك تهديد مخيف، قال تعالى

﴿نُمَتِّعُهُمْ قَلِيلًا ثُمَّ نَضْطَرُّهُمْ إِلَى عَذَابٍ غَلِيظٍ﴾ (لقمان24)

وإن الفِطرة لا تملك إلا الاعتراف بالخالـق الواحد الأحد الفرد الصمد،

قـال تعالى ﴿وَلَئِن سَأَلْتَهُم مَّنْ خَلَقَ السَّمَاوَاتِ وَالْأَرْضَ لَيَقُولُنَّ

اللَّهُ قُلِ الْحَمْدُ لِلَّهِ بَلْ أَكْثَرُهُمْ لَا يَعْلَمُونَ﴾ (لقمان25)

وإن المشهد الكوني الكبير يصوّر امتداد علم الله بلا نهاية، وانطلاق مشيئته في الخلق والإنشاء بلا حدود، ويجعل من هذا دليلاً كونياً على الخلق والإنشاء والحَشر والإثابة، قال تعالى ﴿وَلَوْ أَنَّمَا فِي الْأَرْضِ مِن شَجَرَةٍ أَقْلَامٌ وَالْبَحْرُ يَمُدُّهُ مِن بَعْدِهِ سَبْعَةُ أَبْحُرٍ مَّا نَفِدَتْ كَلِمَاتُ اللَّهِ إِنَّ اللَّهَ عَزِيزٌ حَكِيمٌ* مَّا خَلْقُكُمْ وَلَا بَعْثُكُمْ إِلَّا كَنَفْسٍ وَاحِدَةٍ إِنَّ اللَّهَ سَمِيعٌ بَصِيرٌ*﴾ (لقمان27-28)

والرحلة الرابعة تبدأ بمشهد كوني بتضمين خاص في القلب البشري، إنه مشهد الليل وهو يطول فيدخل في جسم النهار ويمتد، والنهار وهو يطول فيدخل في جسم الليل ويمتد، ومشهد الشمس والقمر مسخرين في فلكيهما يجريان في حدود مرسومة إلى وقت لا يعلمه إلا خالقهما الخبير بهما وبالناس وبما يعملون،

قال تعالى

﴿أَلَمْ تَرَ أَنَّ اللَّهَ يُولِجُ اللَّيْلَ فِي النَّهَارِ وَيُولِجُ النَّهَارَ فِي اللَّيْلِ وَسَخَّرَ الشَّمْسَ وَالْقَمَرَ كُلٌّ يَجْرِي إِلَى أَجَلٍ مُّسَمًّى وَأَنَّ اللَّهَ بِمَا

تَعْمَلُونَ خَبِيرٌ *ذَلِكَ بِأَنَّ اللَّهَ هُوَ الْحَقُّ وَأَنَّ مَا يَدْعُونَ مِن دُونِهِ الْبَاطِلُ وَأَنَّ اللَّهَ هُوَ الْعَلِيُّ الْكَبِيرُ *﴾ (لقمان30-29)

ومـن نعمـة الله علـى النـاس في صـورة الفلـك التـي تجري في البحر، بالتأمـل أمـام منطـق الفِطرة حين تواجه هَلَع البحر، قال تعالى

﴿أَلَـمْ تَـرَ أَنَّ الْفُلْكَ تَجْـرِي فِـي الْبَحْـرِ بِنِعْمَـتِ اللَّهِ لِيُرِيَكُم مِّـنْ آيَاتِـهِ إِنَّ فِـي ذَلِكَ لَآيَـاتٍ لِّـكُلِّ صَبَّارٍ شَكُورٍ﴾ (لقمان31)

ومنطـق الفطـرة التـي تعـود لبارئهـا، وتتخـذ مـن هـذا المنطـق دليـلاً علـى قضيـة التوحيـد، قـال تعالـى ﴿وَإِذَا غَشِـيَهُم مَّوْجٌ كَالظُّلَـلِ دَعَـوُا اللَّهَ مُخْلِصيـنَ لَـهُ الدِّيـنَ فَلَمَّـا نَجَّاهُمْ إِلَـى الْبَـرِّ فَمِنْهُم مُّقْتَصِدٌ وَمَـا يَجْحَدُ بِآيَاتِنَا إِلَّا كُلُّ خَتَّارٍ كَفُورٍ﴾ (لقمان32)

وهنـا يذكِّـر الله سبحانه وتعالـى بالهـول الأكبـر، وهـو يقـرر قضيـة الآخرة، الهـول الـذي يفصـل صلـة النسـب، خلافـا لمـا هـو عليـه الحـال فـي الحيـاة الدنيـا، قـال تعالى

﴿يَـا أَيُّهَـا النَّـاسُ اتَّقُـوا رَبَّكُمْ وَاخْشَـوْا يَوْمًـا لَّا يَجْـزِي وَالِـدٌ عَـن وَلَـدِهِ وَلَا مَوْلُـودٌ هُـوَ جَـازٍ عَـن وَالِـدِهِ شَيْئًا إِنَّ وَعْدَ اللَّهِ حَـقٌّ فَـلَا تَغُـرَّنَّكُمُ الْحَيَـاةُ الدُّنْيَا وَلَا يَغُـرَّنَّكُم بِاللَّهِ الْغَـرُورُ﴾ (لقمان33)

وعنـد المؤثـرات القويـة والتـي يرتجف لهـا الوجـود، يختـم الله سبحانه وتعالـى سـورة لقمـان بآيـة تقـرر القضايـا التـي عالجتهـا السـورة جميعـاً، في محتـوى قـوي ومحـدد وعميـق،

قال تعالى

﴿إِنَّ اللَّهَ عِندَهُ عِلْمُ السَّاعَةِ وَيُنَزِّلُ الْغَيْثَ وَيَعْلَمُ مَا فِي الْأَرْحَامِ وَمَا تَدْرِي نَفْسٌ مَّاذَا تَكْسِبُ غَدًا وَمَا تَدْرِي نَفْسٌ بِأَيِّ أَرْضٍ تَمُوتُ إِنَّ اللَّهَ عَلِيمٌ خَبِيرٌ﴾ (لقمان34)

هذه الرحلات القرآنية الأربع بأساليبها ومؤثراتها ودلائلها وبيان آياتها نموذج من أسلوب القرآن الكريم في معالجة القلوب.

هذا الأسلوب المختار من خالق هذه القلوب العليم بمكنوناتها ومداخلها، الخبير بما يصلح لها وما تصلح به.

الفصل السابع

الأساليب والاتساق

﴿الم﴾: تلك آيات الكتاب الحكيم، هدى ورحمة للمحسنين، الذين يقيمون الصلاة ويؤتون الزكاة ، وهم بالآخرة هم يوقنون أولئك على هدى من ربهم وأولئك هم المفلحون.

افتتاح السورة بالأحرف المقطعة (ألف . لام . ميم) والإخبار عنها بأنها: ﴿تلك آيات الكتاب الحكيم﴾ للتنبيه إلى أن آيات الكتاب من شكل تلك الأحرف، واختيار وصف الكتاب بالحكمة، لأن موضوع الحكمة مكرر في هذه السورة، فناسب أن يختار هذا الوصف من أوصاف الكتاب على طريقة القرآن الكريم، ووصف الكتاب بالحكمة في قوله وتوجيهاته، قاصدا لما يقول، ومريدا لما يهدف إليه، فيه الحركة والحياة، وفيه إيناس، وفيه رحمة وهدى وطمأنينة، وله صحبة يحس بها من يعيشون معه ويحيون في رحابه.

والمحسنون هم ﴿الذيـن يقيمـون الصـلاة، ويؤتـون الزكـاة، وهـم بالآخـرة هـم يوقنون﴾.

إن إقامـة الصـلاة وأداؤهـا علـى وجهـها الصحيـح، وفـي مواقيتهـا المفروضـة، تتحقـق بهـا الحكمـة والأثـر فـي الشـعور والسلوك، وتنعقـد بهـا تلك الصلـة الوثيقـة بيـن القلـب والخالـق، ويتـم بهـا الإينـاس بـالله الـذي يعلّـق القلـوب بالصـلاة، وإيتـاء الـزكاة يحقـق استعلاء النفس علـى حِرصهـا الفطري، وإقامـة نظـام حيـاة تكاملـي يرتكـز علـى التكافـل والعطـاء.

وإن الضمـان ليقظـة القلـوب هـو اليقين بالآخـرة ومراقبـة الله فـي السر والعلـن، والوصـول إلـى درجـة الإحسـان التـي سئل عنها النبي صلـى الله عليـه وسلم، ففـي الحديـث: «الإحسـان أن تعبد الله كأنـك تـراه فـإن لـم تكـن تـراه فإنـه يراك»

والمحسنون هـم الذيـن يجـدون فـي صحبـة كتـاب الله هـدى ورحمـة، لأنهـم بمـا فـي قلوبهـم مـن شـفافية ونقـاء يجـدون فـي صحبـة هـذا الكتـاب الطمأنينـة والراحـة النفسية، ويدركـون مـا فيـه مـن نـور وهـدى وحكمـة، وتصطلح نفوسهم عليـه، وتحـس بالتوافـق والتناسـق ووحـدة المسـار، ووضـوح الطريـق، وإن هذا القـرآن ليعطـي كل قلـب بمقدار مـا فـي هذا القلب مـن حساسية وتفتّح وإشـراق، وبقدر مـا يقبـل عليـه فـي حـب وتطلع.

إن الذيـن يحافظـون علـى الصـلاة ويؤتـون الـزكاة، قـال تعالـى ﴿أولئك علـى هـدى مـن ربهـم وأولئك هم المفلحون﴾ (لقمان5)، ومـن هُدِيَ فقد أفلح وسار علـى دروب النـور، ليصـل إلـى الغايـات المرجـوّة، وينجـو مـن الضـلال فـي الدنيـا، ومـن عواقبـه فـي الآخـرة، وهـو مطمئـن فـي رحلتـه، فيشـعر بالأُنـس والطمأنينـة والتجـاوب مـع الكائنـات فـي الوجـود.

أولئـك المهتـدون بالكتـاب وآياتـه، المحسـنون، المقيمـون للصـلاة، المؤتـون للـزكاة، الموقنـون بالآخـرة، المفلحـون فـي الدنيـا والآخـرة. تقابلهـم مجموعـات مـن النـاس تشـتري لهـو الحديـث، ليخرجـوا عـن منهـج الله.

فـكل كلام يُلهـي القلب ويستهلك الوقت، ولا يثمـر خيراً ولا يؤتـي حصيلـة تليـق بمهـام الإنسـان المستخلف فـي هـذه الأرض لإعمارهـا بالخيـر والإحسـان والعـدل والصـلاح، يعـدّ مـن لهـو الحديـث، قـال تعالـى ﴿وَمِنَ النَّاسِ مَـن يَشْتَرِي لَهْوَ الْحَدِيثِ لِيُضِلَّ عَـن سَـبِيلِ اللهِ بِغَيْـرِ عِلْـمٍ وَيَتَّخِذَهَا هُـزُوًا أُولَئِـكَ لَهُـمْ عَـذَابٌ مُهِيـنٌ﴾ (لقمان6).

يشـتريه بوقتـه ومالـه وحياتـه، فيبـذل تلـك الأثمـان الغاليـة فـي لهـو رخيـص، يفنـي فيـه عمـره المحـدود، الـذي لا يُعـاد ولا يَعـود، إن مـن يشتري هذا اللهـو، فهو جاهل وناكر لأنعُم الله،

لا يتصرف عن علم ولا حكمة.

والـذي يتبـع لهـو الحديـث ليضلَّ عـن سـبيل الله، يكـون سـيئ النيـة والغايـة، يضل نفسـه وغيـره بهذا اللهو الـذي ينفق فيـه الحيـاة، ويسـخر مـن المنهـج الـذي رسـمه الله للحيـاة والنـاس، ومـن ثم يعالـج القرآن هـذا الفريـق بالمهانـة والتهديـد، قبـل أن يكمـل رسـم الصـورة، قـال تعالـى ﴿أولئك لهـم عـذاب مهين﴾. وصـف العـذاب بأنـه مهيـن مقصـود هنـا للرد علـى سـوء الأدب والاسـتهزاء بمنهـج الله وسـبيله القويم.

ثم يمضي في استكمال صورة ذلك الفريق، قال تعالى ﴿وإذا تتلـى عليـه آياتنـا ولـى مسـتكبراً كأن لـم يسـمعها﴾ (لقمـان7) وهـو مشـهد فيـه حركـة ترسـم هيئـة المسـتكبر المسـتهين، ومـن ثم يعالجـه بوخـزة تدعـو إلـى تحقيـر هذه الهيئـة، وكأن هذا الثقل فـي أذنيـه، هـو مـن يحجبه عـن سـماع آيـات الله الكريمـة، وإلا فمـا يسـمعها إنسـان لـه سـمع، ثـم يعرض عنها هذا الإعـراض الذميـم، إلا عُوقب بالجزاء، ويتمـم الله عـز وجـل هذه الإشـارة بتهكم ملحـوظ، قـال تعالـى ﴿فبشره بعذاب أليم﴾. فهـذه البشـارة فـي هـذا الموضـوع نـوع مـن التهكـم المهيـن، يليـق بالمتكبريـن المسـتهزئين.

و بمناسـبة الحديـث عـن جـزاء الكافريـن المسـتكبرين المُعرضيـن، يتحـدث عـن جـزاء المؤمنيـن الفاعليـن العامليـن،

الذيـن تحـدّث عنهـم فـي مُقدِّمَـة السـورة، ويفصـل شـيئاً مـن أمـر فلاحهـم الـذي أجملـه هنـاك، قـال تعالى ﴿إِنَّ الَّذِينَ آمَنُوا وَعَمِلُوا الصَّالِحَاتِ لَهُمْ جَنَّاتُ النَّعِيمِ *خَالِدِينَ فِيهَا وَعْدَ اللَّهِ حَقًّا وَهُوَ الْعَزِيزُ الْحَكِيمُ﴾ (لقمان-9-8).

وحيثمـا ذكـر الجـزاء فـي القـرآن الكريـم، ذكـر قبلـه العمـل الصالـح مـع الإيمـان، فطبيعـة هـذه العقيـدة تقتضـي ألا يظـل الإيمـان فـي القلـب حقيقـة مجـردة مكنونـة، إنمـا هـو حقيقـة فاعلـة، مـا تـكاد تستقـر فـي القلـب ويتـم تمامهـا، حتـى تتحـرك لتحقـق ذاتهـا فـي العمـل والحركـة والسـلوك، ولتترجـم عـن طبيعتهـا بالآثـار البـارزة فـي عالـم الواقـع، المنبئـة عمـا هـو كائـن منهـا فـي عالـم الضميـر، وهـؤلاء الذيـن آمنـوا وحققـوا إيمانهـم بالعمـل الصالـح،

قال تعالى ﴿لهم جنات النعيم خالدين فيها﴾

لهم هذه الجنات وهذا الخلود تحقيقاً لوعد الله الحق.

﴿وعـد الله حقـاً﴾ فقـد بلـغ مـن فضـل الخالـق علـى العبـاد أن أحسَـن إليهـم جـزاء إحسـانهم لأنفسـهم لا لـه سبحانه وتعالـى، وهـو الغنـي عـن الجميـع العزيـز الحكيـم القـادر علـى تحقيـق وعـده،

ويبرهـن علـى تلـك القضايـا السـابقة فـي سـياق السـورة، عبـر الآيـات التـي تفيـض الحكمـة والقـدرة.

وإن هـذا الكـون الضخم الهائـل دقيـق بنظامـه وعملـه وحركتـه، متناسـق التكويـن، يأخـذ بالقلـب، ويبهـر الألبـاب، ويواجـه الفطـرة مواجهـة واضحـة لا تملـك الإعـراض عنهـا، ولا تملـك إلا التسـليم بوحدانيـة الخالـق العظيـم، قـال تعالـى ﴿خَلَقَ السَّمَاوَاتِ بِغَيْرِ عَمَدٍ تَرَوْنَهَا وَأَلْقَىٰ فِي الْأَرْضِ رَوَاسِيَ أَن تَمِيدَ بِكُمْ وَبَثَّ فِيهَا مِن كُلِّ دَابَّةٍ وَأَنزَلْنَا مِنَ السَّمَاءِ مَاءً فَأَنبَتْنَا فِيهَا مِن كُلِّ زَوْجٍ كَرِيمٍ﴾ (لقمان10) وهـذه السماوات بظاهـر مدلولهـا وضخامـة فسـاحتها، دون تعمـق فـي أي مـن البحـوث العلميـة المعقـدة، تجـذب النظـر والإحسـاس.

وأمـام هـذا النظـام العجيـب، الـذي يمسـك بهـذه الخلائـق كلهـا فـي تناسـق وانسـجام وتماسـك كونـي عجيـب، فـإن الإنسـان مدعـو للتفكـر فـي خلـق الله وعجائـب الكـون، حيـث تمتـد الأبصـار بالليـل والنهـار، ومهمـا نـأت بـه الأزمنـة والأسـفار، كمـا أن الجبـال تحفـظ تـوازن الأرض، فـلا تميـد ولا تتأرجـح ولا تهتـز، وأمـام هـذا الجمـال البديـع، الـذي يجتـذب القلـب للتأمـل فـلا يكـل، ويجتـذب العيـن للنظـر فـلا تمـل، وهـذه إحـدى عجائـب الوجـود الكبيـرة، فوجـود الحيـاة علـى هـذه الأرض سـر لا يستطيع أحـد إدراكـه ولا تفسيره، ومـع هـذا فـإن أكثـر النـاس يمرون بهـذه العجائـب وعلـى قلوبهـم غشـاوة، وغير مبصرين،

وكأنما يمرون على شيء اعتيادي لا يُلفت النظر، بينما يندهشون لتصاميم وآلات صناعية أو أجهزة ذكية أو أشياء أخرى من صنع الإنسان، فضلاً عن جسم الإنسان، الذي يحتوي ملايين الخلايا ومئات المعامل الكيماوية العجيبة، ومحطات الإرسال والاستقبال، والوظائف المعقدة التي لا يعرف أسرارها إلا العليم الخبير.

قال تعالى ﴿وَإِذْ قَالَ لُقْمَانُ لِابْنِهِ وَهُوَ يَعِظُهُ يَا بُنَيَّ لَا تُشْرِكْ بِاللَّهِ إِنَّ الشِّرْكَ لَظُلْمٌ عَظِيمٌ﴾ (لقمان13)

ويريد الوالد لولده الخير دوماً، ويكون له ناصحاً، ولقمان الحكيم ينهى ابنه عن الشرك، ويعلل ذلك النهي بأنه ظلم عظيم، وهذه هي الحقيقة التي يعرضها النبي محمد صلى الله عليه وسلم على قومه، فيجادلونه فيها ويشكّون في نواياه، ويخشون أن يكون وراءها انتزاع للسلطان منهم، والتفضل عليهم، ولقمان الحكيم يعرضها على ابنه ويأمره بها، وإن النصيحة من الوالد لولده خالية من الشبهات، وفي ظل نصيحة الأب لابنه يعرض للعلاقة بين الوالدين والأبناء في أسلوب رقيق، ويصور هذه العلاقة بتلطف ورأفة وتعاطف.

وهذا هو المؤثر النفسي المقصود، ومع هذا فإن رابطة العقيدة مقدمة على تلك العلاقة الوثيقة، قال تعالى

﴿وَوَصَّيْنَا الْإِنسَانَ بِوَالِدَيْهِ حَمَلَتْهُ أُمُّهُ وَهْنًا عَلَىٰ وَهْنٍ وَفِصَالُهُ فِي عَامَيْنِ أَنِ اشْكُرْ لِي وَلِوَالِدَيْكَ إِلَيَّ الْمَصِيرُ * وَإِن جَاهَدَاكَ عَلَىٰ أَن تُشْرِكَ بِي مَا لَيْسَ لَكَ بِهِ عِلْمٌ فَلَا تُطِعْهُمَا وَصَاحِبْهُمَا فِي الدُّنْيَا مَعْرُوفًا وَاتَّبِعْ سَبِيلَ مَنْ أَنَابَ إِلَيَّ ثُمَّ إِلَيَّ مَرْجِعُكُمْ فَأُنَبِّئُكُم بِمَا كُنتُمْ تَعْمَلُونَ *﴾ (لقمان 14-15)

ووصية الولد بالوالدين تتكرر في القرآن الكريم، وفي وصايا رسول الله صلى الله عليه وسلم، ولم ترد توصية الوالدين بالولد إلا قليلاً، وذلك لأن الفطرة تتكفل وحدها برعاية الأبناء من الوالدين، فالفطرة مصممة وموجهة إلى عناية ورعاية الأبناء والأجيال الناشئة لضمان امتدادها، كما يريدها الله سبحانه وتعالى، والفطرة وحدها كفيلة بتوصية الوالدين دون وصاة، وأما الابن فهو في حاجة إلى الوصية المتكررة، والتذكير دوما ليلتفت إلى الوالدين والجيل المربي والمَسؤُول.

فالوالدان يبذلان للأبناء من صحتهما وأعمارهما ومن كل ما يملكان من غالٍ وعزيز، من غير ملل أو كلل أو شكوى أو تأفف، وهم يشعرون بالسرور والفرح، ولا يستطيع الولد أن يعوّض والديه بعض ما بذلاه، ولو أمضى حياته لأجلهم وبذل قصار جهده لخدمتهم.

فالأم بطبيعة الحال تحتمل النصيب الأوفر من شؤون التربية

والرعاية، وتجود في انعطاف أشد وأعمق، وهي تستحق على الولد الحظ الأوفر من البر، وبذلك يوجه لقمان إلى شكر الله المنعم الأول، وشكر الوالدين المنعمين التاليين، فيأتي شكر الله أولاً ويتلوه شكر الوالدين، ولكن رابطة الوالدين بالأبناء تأتي بعد رابطة العقيدة، وبقية الوصية للإنسان في علاقته بوالديه، قال تعالى ﴿وَإِن جَاهَدَاكَ عَلَى أَن تُشْرِكَ بِي مَا لَيْسَ لَكَ بِهِ عِلْمٌ فَلَا تُطِعْهُمَا﴾ (لقمان15).

إلى هنا، يسقط واجب الطاعة، وتعلو رابطة العقيدة على كل الروابط الأخرى، وبذل الوالدين الجهد والاقناع ليغرياه بأن يشرك بالله، فهو مأمور بطاعة الله، ولكن الاختلاف في العقيدة، والأمر بعدم الطاعة في خلافها، لا يسقط حق الوالدين في الصحبة والرعاية الكريمة والمعاملة الحسنة.

قال تعالى ﴿وَصَاحِبْهُمَا فِي الدُّنْيَا مَعْرُوفًا وَاتَّبِعْ سَبِيلَ مَنْ أَنَابَ إِلَيَّ ثُمَّ إِلَيَّ مَرْجِعُكُمْ فَأُنَبِّئُكُم بِمَا كُنتُمْ تَعْمَلُونَ﴾ (لقمان15) إنها رحلة قصيرة في الحياة الدنيا لا تؤثر في الحقيقة الأصيلة بعد رحلة الأرض المحدودة، ولكل جزاء ما عمل من توحيد أو شرك، فيجب ترتيب الواجبات والتكليف، فتأتي الرابطة في الله الأولى، ويأتي التكليف بحق الله هو الواجب الأول، والقرآن الكريم يقرر هذه القاعدة ويؤكدها في كل مناسبة وفي صور

شتى، لتستقر في وجدان الإنسان واضحة حاسمة لا شبهة فيها ولا غموض.

وتأتي الفقرة التالية في الوصايا، لتقرر قضية الآخرة، وما فيها من حساب دقيق وجزاء عادل، وهي حقيقة تعرض في المجال الكوني الفسيح، وفي صورة مؤثرة يهتز لها الوجدان، ولا تعرض هكذا مجردة، قال تعالى ﴿يَا بُنَيَّ إِنَّهَا إِن تَكُ مِثْقَالَ حَبَّةٍ مِّنْ خَرْدَلٍ فَتَكُن فِي صَخْرَةٍ أَوْ فِي السَّمَاوَاتِ أَوْ فِي الْأَرْضِ يَأْتِ بِهَا اللَّهُ إِنَّ اللَّهَ لَطِيفٌ خَبِيرٌ﴾ (لقمان16)

إنها دقة علم الله وشموله وقدرته وعدالته سبحانه وتعالى، فحبة الخردل صغيرة جداً ولا قيمة ولا وزن لها، فتكن في صخرة صلبة محشورة، وصعب الوصول إليها، أو في السماوات الكبيرة الشاسعة الذي يبدو فيه النجم الكبير والجرم العظيم ضائع في ثراها، نقطة سابحة أو ذرة تائهة في الأرض يتعقبها ويتتبعها، وقدرته لا تتركها.

وتستقر من وراء تلك الحقيقة التي يريد القرآن إقرارها في القلب، بهذا الأسلوب العجيب، حتى يخشع القلب ويصبح مُنيباً.

وبعد الإيمان بالله الذي لا شريك له، واليقين بالآخرة التي لا ريب فيها، والثقة بعدالة الجزاء، لا يفلت من الله مثقال حبة من خردل. يأتي بعدها التوجه إلى الله بالصلاة، والتوجه إلى الناس بالدعوة

إلى الله، والصبر على تحمّل الدعوة ومتاعبها التي لا بد أن تطلب من ابنك أن يقيم الصلاة ويأمر بالمعروف وينهى عن المنكر. هذا هو طريق العقيدة المرسوم توحيدا لله، وشعورا برقابته، وتطلعا إلى ما عنده، وثقة في عدله، وخشيةً من عقابه، ثم الانتقال إلى دعوة الناس وإصلاح حالهم.

والتزود بالعبادة لله والتوجه إليه بالصلاة، ثم الصبر على ما يصيب الداعي إلى الله، من مشاق جراء انحراف النفوس وعنادها، وغشاوة القلوب وإعراضها.

ومن الأذى تمتد به الألسنة والأيدي، ومن الابتلاء في النفس والمال، ويستطرد لقمان في وصيته إلى أدب الداعية إلى الله، فالدعوة إلى الخير لا تجيز التعالي على الناس، والتطاول عليهم بحجة قيادتهم إلى الخير.

قال تعالى ﴿وَلَا تُصَعِّرْ خَدَّكَ لِلنَّاسِ وَلَا تَمْشِ فِي الْأَرْضِ مَرَحًا إِنَّ اللَّهَ لَا يُحِبُّ كُلَّ مُخْتَالٍ فَخُورٍ *وَاقْصِدْ فِي مَشْيِكَ وَاغْضُضْ مِن صَوْتِكَ إِنَّ أَنكَرَ الْأَصْوَاتِ لَصَوْتُ الْحَمِيرِ﴾ (لقمان18-19)

فالكِبر والتعالي على الناس، والمشي في الأرض مرحاً وقلة المبالاة بهم، هي حركات يبغضها الله ويمقتها الخلق، وهي تعبير عن شعور مريض بالنفس، ومع النهي عن مشية المرح، بيان للمشية المعتدلة القاصدة، والقصد هنا من الاقتصاد، وعدم

الإسراف في التبختر والاختيال.

إن خفض الصوت فيه أدبا وثقة بالنفس واطمئنانا إلى صدق الحديث وقوته وتأثيره، ولا يغلظ في القول والحديث إلا من قلّ أدبه، أو ثقته في نفسه أو قوله، ويحاول إخفاء ذلك كله بالحدّة والفظاظة والقساوة ورفع الصوت.

والأسلوب القرآني يحط من شأن هذا الفعل، حين يعقب عليه بقوله تعالى ﴿إِنَّ أَنكَرَ الْأَصْوَاتِ لَصَوْتُ الْحَمِيرِ﴾ (لقمان19) فيرتسم مشهد يدعو إلى الاستهزاء والسخرية، ولا يكاد الإنسان المُبصر أن يتخيّل هذا المشهد المضحك، دون أن يدرك المقاصد التربوية العظيمة من وراءه.

وتنتهي الرحلة الثانية ، بعدما عالجت القضية الأولى، بهذا التنويع والشمول في العرض، والتجديد في الأساليب.

وتبدأ الرحلة الثالثة بنسق جديد، من خلال عرض الدليل الكوني مرتبطاً بالناس، متعلقاً بحياتهم ومصالحهم، وبنعم الله عليهم ظاهرة وباطنة، تلك التي يستمتعون بها، ويجادلون في الله المنعم المتفضّل الوهاب، ثم تسير على هذا النسق في تقرير القضية الأولى التي عالجتها الرحلتان الأولى والثانية.

قال تعالى ﴿أَلَمْ تَرَوْا أَنَّ اللَّهَ سَخَّرَ لَكُم مَّا فِي السَّمَاوَاتِ وَمَا فِي الْأَرْضِ وَأَسْبَغَ عَلَيْكُمْ نِعَمَهُ ظَاهِرَةً وَبَاطِنَةً وَمِنَ النَّاسِ مَن يُجَادِلُ

فِي اللَّهِ بِغَيْرِ عِلْمٍ وَلَا هُدًى وَلَا كِتَابٍ مُنِيرٍ * وَإِذَا قِيلَ لَهُمُ اتَّبِعُوا مَا أَنزَلَ اللَّهُ قَالُوا بَلْ نَتَّبِعُ مَا وَجَدْنَا عَلَيْهِ آبَاءَنَا أَوَلَوْ كَانَ الشَّيْطَانُ يَدْعُوهُمْ إِلَىٰ عَذَابِ السَّعِيرِ * (لقمان21-20) وهذا الاهتمام المتكرر في القرآن بشتى الأساليب، يبدو جديدا في كل مرة، لأن هذا الكون لا يزال يتجدد كلما نظر إليه القلب، وتدبر أسراره، وتأمل عجائبه التي لا تنفد، ولا يبلغ الإنسان في عمره المحدود أن يتقصاها، وهي تبدو في كل نظرة بنمط ومحتوى جديدين. والسياق يعرضها هنا من زاوية التناسق بين حاجات الإنسان على الأرض وتركيب هذا الكون، مما يؤكّد بأن هذا التناسق لا يمكن أن يكون مصادفة، وأنه لا مفر من التسليم بالإرادة الواحدة المدبّرة، التي تتنسق بين تركيب هذا الكون الهائل وحاجات البشر على هذا الكوكب.

وإن الأرض كلها لا تبلغ أن تكون ذرة صغيرة في بناء الكون والإنسان، فهي صغيرة ضعيفة بالقياس إلى حجم هذا الكون، وبالقياس إلى ما فيها من قوى ومن خلائق وجمادات، لا يعد الإنسان من ناحية حجمه ووزنه وقدرته المادية شيئاً إلى جوارها، ولكن فضّل الله على الإنسان و نفخته فيه من روحه، وتكريمه له على كثير من خلقه.

هذا الفضل وحده قد اقتضى أن يكون لهذا المخلوق قيمة ووزن

وحساب في نظام الكون، وأن الله سخر له القدرة على استخدام الكثير من طاقات هذا الكون وإمكانياته وقِواه، ومن قُوَّته وخيراته، وهذا هو التسخير المشار إليه في الآية من نعم الله الظاهرة والباطنة، وهي أعم من تسخير ما في السماوات والأرض، فوجود الإنسان وتزويده بطاقاته واستعداداته ومواهبه، نعمة من الله وفضل، وإرسال رسله وتنزيل كتبه فضل أكبر ونعمة أعظم، وكل خفقة يخفقها قلبه، وكل فكر يتدبّره عقله، وكل صوت تسمعه أذنه، وكل منظر تلتقطه عينه، وكل هاجس يهجس في ضميره، إنما هي نعمة ما كان لِيَحظى بها لولا فضل الله.

وقد سخّر الله للإنسان ما في السماوات، فجعل في مقدوره الاستفادة والانتفاع من أشعة الشمس ونور القمر وضياء النجوم، وأيضا بالمزن والمطر والهواء، وكذلك سخّر له ما في الأرض أيسر وأوضح ملاحظة وتدبراً، فقد أقامه خليفة في هذه الأرض ومكّنه من كل ما فيها من الأشياء والكنوز والخيرات، ومنه ما هو ظاهر ومستتر، ومنه ما يعرفه الإنسان وما لا يعرفه ولا يدرك إلا آثاره، ومنه ما لم يعرفه أصلاً من أسرار القوى التي ينتفع بها، دون أن يدري، وإنه مغمور في كل لحظة من لحظات الليل والنهار بنِعم الله السابغة الوافرة التي لا يدرك مداها، ولا يحصي عددها.

ومع هذا كله، فإن فريقاً من الناس لا يشكرون ولا يذكرون ولا

يتدبّرون ما حولهم ولا يوقنون بالمُنعم المتفضّل الكريم الحيُّ القيُّوم.

وهناك أنماط من الناس تجادل بغير علم أو دليل، وتبدو هذه المجادلة مستغربة ومستنكرة، في ظل ما يثبته الكون من براهين تحار بها العقول.

ويبدو الجحود والإنكار بشعاً، تنفر منه الفطرة، ويرتعش منه الضمير، وإن هذه الفئة من الناس التي تجادل في حقيقة الله، وعلاقة الخلق بهذه الحقيقة، تبدو منحرفة الفطرة، ولا تستجيب لداعي الكون.

والغريب بأن الإنكار في هذا الجدال لا يرتكز إلى علم، ولا يهتدي بهدى، ولا يستند إلى كتاب، أو يأتي بدليل أو برهان. قال تعالى ﴿وَإِذَا قِيلَ لَهُمُ اتَّبِعُوا مَا أَنزَلَ اللَّهُ قَالُوا بَلْ نَتَّبِعُ مَا وَجَدْنَا عَلَيْهِ آبَاءَنَا﴾ (لقمان 21)

إن التقليد والتبعية العمياء هو كل ما يرتكز عليه هؤلاء الذين يجادلون بغير علم، متجاهلين كل ما حولهم من براهين وشواهد.

والأفضل أن تنطلق عقولهم لتتفكّر وتتدبّر، ويعلنوا فيها اليقظة والحركة والنور، ويصبحوا بمنهج جديد للحياة، بعيداً عن التقليد والجمود، فهذا الموقف إنما هو دعوة من الشيطان لهم، لينتهي بهم إلى عذاب الجحيم، قال تعالى

﴿أَوَلَوْ كَانَ الشَّيْطَانُ يَدْعُوهُمْ إِلَى عَذَابِ السَّعِيرِ﴾ (لقمان21)

بعد ذلك الدليل الكوني العظيم اللطيف وبمناسبة ذلك الجدال، الذي لا يستند إلى علم ومعرفة وبرهان ودليل، ولا يهتدي بهدى، نستمد السلوك الواجب تجاه الدليل الكوني والنِعم التي أنعمها الله على البشرية، إنه الاستسلام المطلق لله، مع إحسان العمل والسلوك، والاستسلام بكامل معناه، والطمأنينة لقدر الله والانصياع لأوامره وتكاليفه وتوجيهاته مع الشعور بالثقة والاطمئنان للرحمة، والرضا والارتياح، كل ذلك يرمز له بتسليم الوجه إلى الله، فهو أكرم وأعز ما في الإنسان.

قال تعالى ﴿وَمَن يُسْلِمْ وَجْهَهُ إِلَى اللَّهِ وَهُوَ مُحْسِنٌ فَقَدِ اسْتَمْسَكَ بِالْعُرْوَةِ الْوُثْقَى وَإِلَى اللَّهِ عَاقِبَةُ الْأُمُورِ﴾ (لقمان22)

العروة التي لا تنقطع، ممسكاً بها في السرّاء أو الضرّاء، ولا يضل من يشد عليها في الظروف الصعبة والرياح العاتية.

هذه العروة الوثقى هي الصلة الوثيقة الثابتة المطمئنة بين قلب المؤمن المستسلم وربه، هي الطمأنينة إلى كل ما يأتي به قدر الله في رضا وقبول، طمأنينة تحفظ للنفس هدوءها وسكينتها ورباطة جأشها في مواجهة الأحداث، وفي الاستعلاء على السرّاء فلا تبطر، وعلى الضرّاء فلا تصغر، وعلى المفاجآت فلا تذهل.

إن الرحلة طويلة وشاقة وحافلة بالأخطار، ومضار المتاع فيها

ليس أصغر ولا أقل من خطر الحرمان والشقاء منها، وخطر السرّاء فيها ليس أهون ولا أيسر من خطر الضرّاء، والحاجة إلى السند الذي لا يهن ولا يحزن.

إن الله له ملكية ما في السماوات والأرض المطلقة، وما سطره الإنسان وما لم يسطره، وهو مع ذلك الغني عن كل ما في السماوات والأرض، المحمود بذاته ولو لم يتوجه إليه الناس بالحمد والامتنان والشكر.

قال تعالى ﴿لِلَّهِ مَا فِي السَّمَاوَاتِ وَالْأَرْضِ إِنَّ اللَّهَ هُوَ الْغَنِيُّ الْحَمِيدُ﴾ (لقمان26)

فعلمه لا يحد، وغناه الذي لا ينفد، وقدرته على الخلق والتكوين، قال تعالى ﴿وَلَوْ أَنَّمَا فِي الْأَرْضِ مِن شَجَرَةٍ أَقْلَامٌ وَالْبَحْرُ يَمُدُّهُ مِن بَعْدِهِ سَبْعَةُ أَبْحُرٍ مَّا نَفِدَتْ كَلِمَاتُ اللَّهِ إِنَّ اللَّهَ عَزِيزٌ حَكِيمٌ * مَّا خَلْقُكُمْ وَلَا بَعْثُكُمْ إِلَّا كَنَفْسٍ وَاحِدَةٍ إِنَّ اللَّهَ سَمِيعٌ بَصِيرٌ *﴾ (لقمان27-28).

إن جميع ما في الأرض من شجر لو تحول أقلاماً وجميع ما في الأرض من بحر تحول مداداً، بل إن هذا البحر أمدته سبعة أبحر كذلك، وجلس الكتّاب يسجلون كلمات الله المتجددة، الدالة على عظمته، لنفدت الأقلام ونفد المداد.

الله فوق العرش والكرسي، ولا يحيط به شيء من مخلوقاته،

وهو أعظم وأجلّ من أن يحيط به شيء، يبقى غير المحدود لم ينقص شيئاً على الإطلاق، فمهما يبلغ المحدود سينتهي، الله تعالى قبل كل شيء وبعد كل شيء، فهو موجود في كل مكان بعلمه، هو في الكون كله، يرى ما يفعل الناس ويسمع ما يقولونه، قال تعالى ﴿هُوَ الْأَوَّلُ وَالْآخِرُ وَالظَّاهِرُ وَالْبَاطِنُ وَهُوَ بِكُلِّ شَيْءٍ عَلِيمٌ﴾ (الحديد3)

ولأن علمه لا يحد، ولأن إرادته لا تقهر، ولأن مشيئته ماضية ليس لها حدود ولا قيود، وتتوارى الأحياء والأشياء، وتتوارى الأشجار والبحار، ويقف القلب البشري خاشعاً أمام جلال الخالق الباقي القدير الذي لا يتبدل ولا يغيب، وأمام هذا المشهد الخاشع، يرينا الله في هذه الرحلة، مشهداً كونياً للخلق والبعث، قال تعالى ﴿مَّا خَلْقُكُمْ وَلَا بَعْثُكُمْ إِلَّا كَنَفْسٍ وَاحِدَةٍ إِنَّ اللَّهَ سَمِيعٌ بَصِيرٌ﴾ (لقمان28)

والإرادة التي تخلق بمجرد توجه المشيئة إلى الخلق، يستوي عندها الواحد والكثير، فهي لا تبذل جهداً محدوداً في خلق كل فرد، ولا تكرر الجهد مع كل فرد، وعندئذ يستوي خلق الواحد وخلق الملايين، وبعث النفس الواحدة والملايين، إنما هي المشيئة وإرادة الله سبحانه وتعالى.

كمـا تأتـي الرحلـة الأخيـرة لتعالـج القضيـة التـي أضـاءت عليهـا سـورة لقمـان مـن قبـل فـي الرحـلات الثـلاث السـابقة، والـذي يبـدو هـول البحـر فـي ظلـه صغيـراً هزيـلاً، هـول اليـوم الـذي يقطـع أواصـر الرحـم والنسـب، ويشـغل الوالـد عـن الولـد، ويحـول بيـن المولـود والوالـد، وتقـف كل نفس فيه وحيدة فريدة، مجـردة مـن كل داعـم أو مسـاند، ومـن كل صلـة وقربـى، إن الهـول هنـا هـول نفسـي، يقـاس بمـداه فـي المشـاعر والقلـوب، ومـا تتقطـع أواصـر القربـى والـدم، ووشـائج الرحـم والنسـب بيـن الوالـد و مـن ولـد، وبيـن المولـود والوالـد ومـا يسـتقل كل بشـأنه، فـلا يجـزى أحـد عـن أحـد، ولا ينفـع أحـداً إلا عملـه ومـا اجتهد لأجلـه ومـا ظفـر بـه، ويكـون ذلك كلـه خـارج مـا تعـارف عليـه أو توقعـه النـاس، فالدعـوة هنـا إلـى تقـوى الله توجـه فـي موضعهـا الـذي فيـه تسـتجاب، وقضيـة الآخـرة تعـرض فـي فضـاء هـذا الهـول والخـوف الشـديد، فتصغـي لهـا القلـوب، قـال تعالـى ﴿يَا أَيُّهَا النَّاسُ اتَّقُوا رَبَّكُمْ وَاخْشَوْا يَوْمًا لَّا يَجْزِي وَالِدٌ عَن وَلَدِهِ وَلَا مَوْلُودٌ هُوَ جَازٍ عَن وَالِدِهِ شَيْئًا إِنَّ وَعْدَ اللَّهِ حَقٌّ فَلَا تَغُرَّنَّكُمُ الْحَيَاةُ الدُّنْيَا وَلَا يَغُرَّنَّكُم بِاللَّهِ الْغَرُورُ﴾ (لقمان33) إن وعد الله حق فـلا يخلف ولا يتخلف، ولا مفر مـن مواجهة هـذا المصيـر العصيـب، ولا مـن الحسـاب الدقيـق والجـزاء العـادل، الـذي لا يغنـي فيـه والـد عـن ولـد ولا مولـود عـن

والــد، فــلا ننخــدع بالحيــاة الدنيــا، ومــا فيهــا مـن متــاع ولهـو، فهـي مهلــة محــدودة وابتــلاء واستحقاق، مـن متــاع يلهـي، أو شــغل يُنســي، أو شــيطان يوسوس فـي الصــدور، والشياطين كثيــر، وإن الغــرور بالمــال شيطان، والغرور بالقوة شيطان، والغــرور بالعلـم شــيطان، والغرور بالعمـر شــيطان، ونـزوة الشــهوة شــيطان..

إن تقـوى الله وتصـور الآخـرة، همـا العاصـم مـن كل غـرور، وفـي ختـام الرحلـة الرابعـة وختـام السـورة، وفـي ظـل هـذا المشــهد المخيــف، تجيــء الحكمــة والموعظــة فـي أوضــح صورهـا قـوة وعمقـاً.

يصـور علـم الله الشـامل وقصـور الإنسـان المحجـوب عـن الغيـوب، ويقـرر القضيـة التـي تعالجهـا السـورة بـكل آياتهـا، ليخـرج هـذا كلـه فـي سـياق التصويـر القرآنـي الرائـع،

قال تعالى

﴿إِنَّ اللَّهَ عِندَهُ عِلْمُ السَّاعَةِ وَيُنَزِّلُ الْغَيْثَ وَيَعْلَمُ مَا فِي الْأَرْحَامِ وَمَا تَدْرِي نَفْسٌ مَّاذَا تَكْسِبُ غَدًا وَمَا تَدْرِي نَفْسٌ بِأَيِّ أَرْضٍ تَمُوتُ إِنَّ اللَّهَ عَلِيمٌ خَبِيرٌ﴾ (لقمان 34)

جعـل الله سبحانه وتعالى الساعة غيباً لا يعلمـه سـواه، ليبقـى النــاس على اسـتعداد وخوف، ومحاولـة دائمـة أن يقدمـوا لهـا،

وهـم لا يعلمـون متـى تقـوم، فقـد تأتيهـم بغتـة فـي أيـة لحظـة، ولا مجـال للتأجيـل فـي تحضيـر الـزاد، فـلا يـدري أحـد مـن النـاس متـى تقـوم السـاعة، ولكننـا نتتبـع أشـراطها وعلاماتهـا، كمـا أخبرنـا الحبيـب المصطفى.

ينـزل الله الغيـث بحكمتـه، بالقـدر الـذي يريـده، وقـد يعـرف النـاس بالتجـارب والمقاييـس قـرب نزولـه، ولكنهـم لا يقـدرون علـى خلـق الأسـباب التـي تنشـئه، والنـص يقـرر أن الله هو الذي ينـزل الغيـث، المنشـئ للأسـباب الكونيـة التـي تكونـه وتنظمـه. إن الله قـادر علـى إنـزال الغيـث، هو ظاهـر مـن عمـوم آيـات السـورة، فعلمـه وحـده المحيـط الشـامل، وهـو يعلـم مـا فـي الأرحـام، كمـا يعلـم أمـر السـاعة، فهـو سبحانه الـذي يعلـم وحـده علـم يقيـن، مـاذا فـي الأرحـام فـي كل لحظـة وفـي كل طـور مـن فيـض وغيـض، ومـن حمـل حتـى حيـن لا يكـون للجنيـن حجم ولا جسـم، ونوعـه ذكـراً أم أنثى، حيـن لا يملـك أحـد أن يعرف عـن ذلـك شـيئاً فـي اللحظـات الأولـى للحمـل، وملامـح الجنين وخواصـه وحالتـه واسـتعداداته، فـكل أولئـك ممـا يختـص بـه علـم الله تعالـى، و مـا تـدري نفس مـاذا تكسـب غداً، مـن خيـر أو شـر، ومـن نفـع أو ضـر، ومـن يسـر أو عسـر، ومـن صحـة أو مـرض، ومـن طاعـة أو معصيـة، فالكسـب أعـم، وهـو كل

ما تصيبه النفس في حاضرها ومستقبلها، وهو غيب مغلق بالأستار، والنفس الإنسانية تقف أمام هذا الغيب، لا تملك أن ترى شيئاً مما وراء الستار.

وكذلك، لا تعلم النفس أين ومتى وكيف تموت، فهو أمر محجوب بالأستار، لا تنفذ إليه الأسماع والأبصار.

إن النفس البشرية لتقف أمام هذا الستر عاجزة خاشعة، تدرك بالمواجهة حقيقة علمها المحدود، وعجزها الواضح، ويتساقط عنها غرور العلم والمعرفة، وتدرك أمام ستر الغيب أن الناس لم يؤتوا من العلم إلا قليلاً، ولو علموا كل شيء آخر، فسيظلون واقفين أمام ذلك الستر لا يدرون ماذا يكون غداً، بل ماذا يكون اللحظة التالية، وعندئذ تطمئن النفس البشرية وتخشع لله.

يعرض السياق القرآني هذه المؤثرات العميقة التأثير في القلب البشري، زماناً ومكاناً، وفي الحاضر والمستقبل القريب والبعيد، وفي خواطر النفس، والغيب البعيد العميق، وثبات الخيال ما بين الساعة البعيدة المدى والغيث بعيد المصدر، وما في الأرحام خاف عن العين، والكسب في الغد وهو قريب في الزمان ومغيب في المجهول، ومكان الموت مبعد في الظنون.

إنهـا مسـاحة فسـيحة الآمـاد والأرجـاء، تجمـع الأطـراف كلهـا عنـد نقطـة الغيـب المجهـول، وتبقـى مغلقـة في وجـه الإنسـان، لأنهـا فـوق مقـدوره ووراء علمـه، والغيـب لا يعلمـه غيـر الله، وليـس غيـره بالعليـم ولا الخبيـر إلا بـإذن منـه وبمقدار.

الفصل الثامن

علمتني سورة لقمان

1. مـدى أهميـة تربيـة الأبنـاء والأجيـال، ومـا ينبغـي أن يُربَّى عليـه الأبنـاء والأجيـال.

2. إذا أردت الهدايـة والرحمـة، فتدبـر القـرآن الكريـم، قـال تعالـى ﴿الم*تِلْكَ آيَـاتُ الْكِتَـابِ الْحَكِيمِ*هُـدًى وَرَحْمَـةً لِّلْمُحْسِـنِينَ﴾ (لقمـان3-1)

3. إذا أردت أن تكـون مـن المحسـنين المُفلحين، فحافـظ علـى الصـلاة واخشـع فيهـا، وإيتـاء الـزكاة المفروضـة عليـك والصدقـة، والإيمـان باليـوم الآخـر، قـال تعالـى ﴿هُـدًى وَرَحْمَـةً لِّلْمُحْسِـنِينَ*الَّذِينَ يُقِيمُـونَ الصَّـلَاةَ وَيُؤْتُـونَ الـزَّكَاةَ وَهُـم بِالْآخِـرَةِ هُـمْ يُوقِنُـونَ﴾ (لقمـان4-3)

4. إذا أنعـم الله عليـك بنعمـة، فكـن مـن الشـاكرين قال تعالى ﴿وَلَقَدْ آتَيْنَا لُقْمَانَ الْحِكْمَةَ أَنِ اشْكُرْ لِلَّـهِ﴾ (لقمان12)

5. أن نفع الطاعة وضرر المعصية عائد على الإنسان، قال تعالى ﴿وَمَن يَشْكُرْ فَإِنَّمَا يَشْكُرُ لِنَفْسِهِ وَمَن كَفَرَ فَإِنَّ اللَّهَ غَنِيٌّ حَمِيدٌ﴾ (لقمان12)

6. الإحسان إلى الوالدين في غير معصية الله، قال تعالى ﴿وَوَصَّيْنَا الْإِنسَانَ بِوَالِدَيْهِ﴾ (لقمان14)

7. أن لا طاعة لمخلوق في معصية الخالق، وهذا لا يتعارض مع بر الوالدين في غير المعصية، قال تعالى ﴿وَإِن جَاهَدَاكَ عَلَى أَن تُشْرِكَ بِي مَا لَيْسَ لَكَ بِهِ عِلْمٌ فَلَا تُطِعْهُمَا وَصَاحِبْهُمَا فِي الدُّنْيَا مَعْرُوفًا﴾ (لقمان15)

8. أنه إذا أردت الاستمساك بالعروة الوثقى، أخلص العبادة لله واتبع تعاليم دينه، وأحسن العمل لوجهه الكريم، قال تعالى ﴿وَمَن يُسْلِمْ وَجْهَهُ إِلَى اللَّهِ وَهُوَ مُحْسِنٌ فَقَدِ اسْتَمْسَكَ بِالْعُرْوَةِ الْوُثْقَىٰ وَإِلَى اللَّهِ عَاقِبَةُ الْأُمُورِ﴾ (لقمان22)

9. أن نكون مع الله تعالى في السرّاء والضرّاء، قال تعالى ﴿وَإِذَا غَشِيَهُم مَّوْجٌ كَالظُّلَلِ دَعَوُا اللَّهَ مُخْلِصِينَ لَهُ الدِّينَ فَلَمَّا نَجَّاهُمْ إِلَى الْبَرِّ فَمِنْهُم مُّقْتَصِدٌ وَمَا يَجْحَدُ بِآيَاتِنَا إِلَّا كُلُّ خَتَّارٍ كَفُورٍ﴾ (لقمان32)

10. أن تحذر من يوم تقف فيه وحدك للحساب، فلا تغتر بهذه الحياة، قال تعالى ﴿يَا أَيُّهَا النَّاسُ اتَّقُوا رَبَّكُمْ وَاخْشَوْا

يَوْمًا لَّا يَجْزِي وَالِدٌ عَن وَلَدِهِ وَلَا مَوْلُودٌ هُوَ جَازٍ عَن وَالِدِهِ شَيْئًا إِنَّ وَعْدَ اللَّهِ حَقٌّ فَلَا تَغُرَّنَّكُمُ الْحَيَاةُ الدُّنْيَا وَلَا يَغُرَّنَّكُم بِاللَّهِ الْغَرُورُ﴾ (لقمان33)

11.   التفكّر في عظمة الله وعلمه، قال تعالى

﴿إِنَّ اللَّهَ عِندَهُ عِلْمُ السَّاعَةِ وَيُنَزِّلُ الْغَيْثَ وَيَعْلَمُ مَا فِي الْأَرْحَامِ وَمَا تَدْرِي نَفْسٌ مَّاذَا تَكْسِبُ غَدًا وَمَا تَدْرِي نَفْسٌ بِأَيِّ أَرْضٍ تَمُوتُ﴾ (لقمان34)

الفصل التاسع

شرح ميّسر لسورة لقمان حسب رقم الآية

1- (الم) لا أحد قادر على الإتيان بمثل هذا القرآن الكريم.

2- هذه آيات القرآن الكريم ذي الحكمة البالغة، والتشريعات المُحكمة.

3- هداية للصالحين ورحمة للذين أحسنوا العمل، بما أنزل الله في القرآن الكريم، وما أمرهم به الرسول صلى الله عليه وسلم.

4- الذين يؤدون الصلاة في أوقاتها ويؤتون الزكاة المفروضة عليهم لمستحقيها، ويتصدقون من أموالهم موقنين بيوم القيامة.

5- أولئك المتصفون بالصفات السابقة على بيان مِن ربهم وهداية ونور، وأولئك هم الفائزون في الدنيا والآخرة.

6- من الناس من يبتاع من الكلام والأعمال ما يبعدهم عن الصراط المستقيم دون دليل أو برهان.

7- وإذا يقرأ عليهم القرآن الكريم كانوا متكبرين ومعرضين،

وكأن في سمعهم مرضاً مانعاً فأنذرهم بعِقاب مؤلم.

8- إن الذين آمنوا بالله ورسوله وعملوا الصالحات التي أُمروا بها، أولئك لهم نعيم مقيم في الجنة.

9- إن حياتهم في تلك الجنات حياة أبديةٌ لا تنقطع ولا تزول، وعدهم الله بذلك وعداً حقاً، فلهم منازل الخلود الممتعة، وهو العزيز في أمره، الحكيم في تدبيره.

10- أوجد السموات دون أعمدة أو دعائم وجعل الجبل رواسي في الأرض لئلا تضطرب وتتحرك فتفسد حياتكم، وأنزل من الغيوم أمطارا، ليخرج به من كل صنف نافع حسن.

11- هذا مما أوجده الله، فلتعطوا أمثلة عما أوجدته الآلهة الأخرى، بل الظالمون بانحراف واضح.

12- ولقد أكرمنا لقمان بالفهم والصواب، وأن أحمد الله، فالحمد مفيد لكم، والله مستغنٍ محمود، وقلنا له اشكر لله نِعَمَه عليك، ومَن يشكر لربه فإنما يعود نَفْع ذلك عليه، ومن جحد نِعَمَه فإن الله غني عن شكره.

13- واذكر أيها الرسول نصيحة لقمان لابنه حين قال له واعظاً (يا بنيَّ لا تشرك بالله فتظلم نفسك، إن الشرك لأعظم الكبائر وأبشعها).

14- وأَمَرْنا الإنسان ببرِّ والديه والإحسان إليهما، حَمَلَتْه أمه

ضعفًا على ضعف، وحمله وفِطامه عن الرضاعة في مدة عامين، وأن اشكر لله، ثم اشكر لوالديك، وإلى الله المرجع، فيجزي كُلا بما يستحق.

15- أيها الإنسان، إن جاهداك والداك على أن تشرك بالله، في العبادة مما ليس لك به عِلم، أو أمراك بمعصية مِن معاصي الله فلا تطعهما، لأنه لا طاعة لمخلوق في معصية الخالق، وصاحبهما في الدنيا بالمعروف فيما لا إثم فيه، واسلك طريق مَن تاب من ذنبه، ورجع إلى الله، وآمن برسوله محمد صلى الله عليه وسلم، والله خبير بما كنتم تعملونه في الدنيا، ويُجزي كلَّ عامل بعمله.

16- يا بنيَّ اعلم أن السيئة أو الحسنة إن كانت قَدْر حبة خردل، وهي المتناهية في الصغر، وفي باطن جبل، أو في أي مكان في السموات أو في الأرض، فإن الله يأتي بها يوم القيامة، ويحاسِب عليها، إن الله لطيف بعباده خبير بأعمالهم.

17- يا بنيَّ أقم الصلاة تامة بأركانها وشروطها وواجباتها، وأمر بالمعروف، وانْه عن المنكر بلطفٍ وحكمة بحسب جهدك، وتحمَّل ما يصيبك من الأذى، مقابل أمرك بالمعروف ونهيك عن المنكر، واعلم أن هذه الوصايا مما أمر الله به من الأمور، التي ينبغي الحرص عليها.

18- ولا تُمِلْ وجهك عن الناس إذا كلَّمتهم أو كلموك، احتقاراً

منك لهم أو استكباراً عليهم، ولا تمش في الأرض بين الناس مختـالاً متبختـراً، إن الله لا يحـب كل متكبـر متبـاه فـي نفسـه وقولـه وهيئتـه.

19- تواضـع في مشيك، واخفض مـن صوتك، فلا ترفعـه، إن أقبح الأصـوات لصـوت الحمير المعروفـة بأصواتها المرتفعة.

20- أيها النـاس، ألـم تـروا أن الله طَوَّع لكم مـا فـي السموات مـن الشمس والقمـر والسـحاب وغيـر ذلـك، ومـا فـي الأرض مـن الـدوابِّ والشـجر والمـاء، وغيـر ذلـك ممـا لا يحصـى، وعمَّكم بنعمـه الظاهـرة علـى الأبدان والجـوارح، والباطنـة فـي العقـول والقلـوب، ومـا ادَّخـره لكم ممـا لا تعلمونـه، ومـن النـاس مَـن يجـادل فـي توحيد الله وإخـلاص العبـادة لـه بغير حجة ولا بيـان، ولا كتـاب مبيـن يبيّـن حقيقـة دعـواه.

21- وإذا قيل لهؤلاء المجادلين فـي توحيد الله وإفراده بالعبادة، اتبعـوا مـا أنـزل الله علـى نبيـه محمـد صلـى الله عليـه وسلّم، يقولـون بل نتبـع مـا كان عليـه آبـاؤنـا، أيفعلون ذلـك، ولـو كان الشـيطان يدعوهـم، بتزيينـه لهـم سـوء أعمالهـم، وكفرهـم بـالله إلـى عـذاب النـار المستعرة.

22- إن مـن يُخْلِـص عبادتـه لله، وهـو محسـن فـي أقوالـه، متقن لأعماله، فقد أخذ بأوثق سبب موصل إلى رضوان الله وجنتـه، وإلـى الله وحده تصيـر كل الأمـور، فيجـزي المحسن

على إحسـانه، والمسـيء علـى إسـاءته.

23- أيهـا الرسـول لا تـأسَ وتحزن علـى مـن كفَـر، لأنـك أدَّيت مـا عليـك مـن الدعـوة والبـلاغ، إلينـا مرجعهـم ومصيرهم يـوم القيامـة، فنخبرهـم بأعمالهـم الخبيثـة التـي عملوهـا فـي الدنيـا، ثـم نجزيهـم عليهـا، إن الله عليـم بمـا تُكِنُّه صدورهـم مـن الكفـر بـالله وإيثـار طاعـة الشيطان.

24- نمتعهم فـي هذه الدنيـا الفانيـة مـدة قليلـة، ثـم يـوم القيامـة نسوقهم إلـى عـذاب فظيـع، وهـو عـذاب جهنم.

25- أيهـا الرسـول، لئـن سـألت هؤلاء المشركين بـالله، مَـن خلـق السـموات والأرض، ليقولـوا الله، فـإذا قالـوا ذلـك، فقـل لهـم الحمـد لله الـذي أظهـر الاسـتدلال عليكـم مـن أنفسكم، بـل أكثـر هؤلاء المشـركين لا ينظـرون ولا يتدبـرون مَـن الـذي لـه الحمـد والشـكر.

26- لله سـبحانه، كل مـا فـي السـموات والأرض ملكاً وعبيداً وإيجـاداً وتقديـراً، إن الله هـو الغنـي عـن خلقـه، لـه الحمـد والثنـاء.

27- ولـو أن أشـجار الأرض كلهـا بُريت أقلامـاً والبحـر مـداد لهـا، ويُمَـد بسـبعة أبحـر أخـرى، وكُتِـب بتلـك الأقـلام وذلـك المـداد كلمـات الله مـن علمـه وحكمـه، ومـا أوحـاه إلـى ملـائكتـه ورسـله، لأنتهـت تلـك الأقـلام، ولنفِـد ذلـك المـداد، ولـم تنفـد كلمـات الله التامـة، التـي لا يحيـط بهـا أحـد، إن الله عزيـز فـي

انتقامـه، حكيـم في تدبيـر خلقـه.

28- أيها النـاس، مـا خَلْقُكـم، ولا بَعْثُكـم يـوم القيامـة في السـهولة واليسـر، إلا كخَلْـق نفس واحدة وبَعْثها، إن الله سـميع لأقوالكـم، بصير بأعمالكـم وأفعالكـم، وسـيجزيكم عليها.

29- ألـم تـر أن الله يأخـذ مـن سـاعات الليـل، فيطـول النهـار، ويقصـر الليـل، ويأخـذ مـن سـاعات النهـار، فيطـول الليـل، ويقصـر النهـار، وأخضـع لكـم الشـمس والقمـر، يجـري كل منهمـا في مـداره إلـى أجل معلـوم ومحـدد، وأن الله مُطَّلـع علـى كل أعمـال الخلـق مـن خيـر أو غيـره، لا يخفـى عليـه منهـا شـيء.

30- ذلك كلـه مـن عظيـم قدرة الله، لتعلمـوا وتقروا أن الله هـو الحـق في ذاتـه وصفاتـه وأفعالـه، وأن مـا يدعـون مـن دونـه الباطـل، وأن الله هـو العلي بذاتـه وقَدْره فـوق جميـع مخلوقاتـه، الكبيـر علـى كل شـيء، وكل مـا عداه خاضـع لـه.

31- ألـم تـروا أن السـفن تجري في البحـر بأمـر الله نعمـة منـه علـى خلقـه، ليريكـم مـن حججـه ودليلـه عليكـم مـا تعتبـرون بـه، إن في جرْي السـفن في البحر لَدلالات لكل صبَّار عن محـارم الله، شـكور لنعمـه.

32- وإذا ركـب المشـركون السـفن وعَلَتْهم الأمـواج مِن حولهم كالسـحب والجبـال، أصابهـم الخـوف والذعـر من الغرق ففزعوا

إلـى الله، وأخلصـوا دعاءهـم لـه، فلمـا نجاهـم إلـى البـر، فمنهـم متوسـط لـم يقـم بشـكر الله علـى وجـه الكمـال، ومنهـم كافـر بنعمـة الله جاحـد لهـا، ومـا يكفر بآيـات الله، إلا كل غـدّار ناقـض للعهـد، جحـود لنعـم الله عليـه.

33- يـا أيهـا النـاس اتقـوا ربكـم، وأطيعـوه بامتثـال أوامـره واجتنـاب نواهيـه، واحـذروا يـوم القيامـة الـذي لا يغنـي فيـه والـد عـن ولـده، ولا مولـود عـن أبيـه شيئاً، إن وعـد الله حـق لا ريـب فيـه، فـلا تنخدعـوا بالحيـاة الدنيـا وزخرفهـا فتنسـيكم الأخـرى، ولا يخدعنكـم بـالله خـادع مـن شـياطين الجن والإنـس.

34- إن الله وحـده يعلـم متـى تقـوم السـاعة، وهـو الـذي ينـزل المطـر مـن السـحاب، لا يقـدر علـى ذلـك أحـد غيـره، ويعلـم مـا فـي الأرحـام، ويعلـم مـا تكسـبه كل نفـس فـي غدهـا، ومـا تعلـم نفـس بـأيّ أرض تمـوت، بـل الله تعالـى هـو المختـص بعلـم ذلـك جميعـه، إن الله عليـم خبيـر محيـط بالظواهـر والبواطـن، لا يخفـى عليـه شـيء منهـا.

الفصل العاشر

كنوز الحكمة في سورة لقمان

قصـة لقمـان مـلأى بالـرؤى العميقـة، التـي تتـردد أصداؤهـا عبـر القـرون، وهـي ذات صلـة وثيقـة بالواقـع، لـم يكـن لقمـان نبيـاً ولا ملكـاً، بـل وهـب الله لـه كنـوزاً مـن الحكمـة، مـا رفـع مكانتـه **حكيمـاً ومعلّمـاً ومُلهمـاً لمنهـج الإنسـانية.**

وفي سورة لقمان كنوز كثيرة منها:

موهبة الحكمة

إن موهبـة الحكمـة التـي أقرهـا الله، هـي رسـالة واضحـة مفادهـا أن الحكمـة يمكـن لأي إنسـان أن يسـعى إليهـا، ويجعـل لـه أثـراً عميقـاً مـن خلالهـا، بغـض النظـر عـن مكانتـه وأصلـه ونسـبه، وموهبـة لقمـان بمثابـة منـارة علـم وإلهـام وأمـل وأثـر، تذكرنـا بـأن الحكمـة ليسـت مقتصـرة علـى العلمـاء أو النخبـة، بـل هـي كنـز يمكـن الوصـول إليـه مـن قبـل كل مـن يسـعى بإخـلاص وإحسـان ونيّـة صادقـة.

النور الهادي

إن قمة تعاليم لقمان تكمن في الدرس الأساسي للتوحيد، والركن الأهم في الإيمان، فهو يؤكد على أهمية العقيدة والإيمان بالإله الواحد الأحد وعبادته، ويحث ابنه على الامتناع عن الشرك بالله، إن هذا التعليم يشكل الأساس للأخلاق الإيمانية، ويشكل نوراً هادياً نحو الاستقرار النفسي والروحي والجسدي.

جوهر الامتنان

إن الاستمرار في الامتنان ليس مجرد فضيلة شخصية، بل هو شهادة على ثراء النفس الإنسانية، ويضيء القرآن الكريم على نصيحة لقمان لابنه «يا بني إنه إن تك مِثقال حبة من خردل فتكن في صخرة أو في السماوات أو في الأرض يأتي بها الله إن الله لطيف خبير» وهنا يضيء القرآن الكريم على المنظور المصغر للشكر، ويحث الناس على تعزيز روح الامتنان في جميع جوانب الحياة.

إن الله تعالى أحاط بكل شيء علما، وأحصى كل شيء عددا، سبحانه لا شريك له، ولقمان إنما قصد به إعلام ابنه بمدى قدرة الله تعالى.

الحوار والإرشاد

إن تفاعل لقمان مع ابنه يمثل صورة مؤثرة للتوجيه

والإشراف الأبوي، ويعزز الفهم والاحترام، وإن حواراته مع ابنه مفعمة بالحوار اللطيف، الذي لا يغذي الطاعات فحسب، بل إنه مثال على أن الإرشاد والنصح، وخاصة من الوالد إلى الابن، يجب أن يكون راسخاً في الود والرحمة والصبر والتعاطف.

ومن النصائح والتوجيهات المهمة من لقمان لابنه بإقامة الصلاة والأمر بالمعروف والنهي عن المنكر والصبر على ما يصيبه، وهذه النصائح هي قواعد ذهبية، تشمل القيم الأساسية للصلاح والتحسين المستمر وخدمة المجتمع، وتشكل الأساس للإنسان المتوازن المتبع للمنهج السليم، والمتجه إلى أهدافه الحقيقية، والمتفهّم لرسالته الأبدية.

جاذبية التواضع

تعاليم لقمان تقدم موقفاً حيوياً، بشأن التواضع، في عالم أصبح فيه الناس يعانون من التَطَاوُل والأنانية وإقصاء الأخر، ويحذر لقمان من عواقب الكبرياء والغرور، ويحث ابنه على المشي بتواضع والتحدّث برفق، هذا التأكيد على التواضع هو درس في حسن السلوك، وتعليم قيمة الاحترام والتقدير للإنسانية.

الاعتدال

تمتد نصيحة لقمان إلى طيف أوسع من جوانب الحياة،

فتتطرق إلى جوانب السلوك الشخصي والتفاعل الاجتماعي والنفسي، وقد عرض ذلك وهو ينصح ابنه بعدم التباهي والإسراف في الترف، ويحث على حياة الاعتدال، ولا يشكل هذا الوسط الإيجابي مجرد طريق إلى الرفاهية الشخصية، بل يشكل ركن أساسي لمجتمع متعاون ومتضامن ومتكامل.

تعاليم الحكمة

في عالم سريع الخطى والتغيير، تعمل قصة لقمان منارة ترشد الناس نحو طريق الطمأنينة والنور، وتقف حياته وتعاليمه شهادة على الإمكانات اللانهائية، التي تكمن في السعي وراء الحكمة.

وبينما تشق طريقك وسط جوانب وفوضى الحياة، احتفظ بتعاليم لقمان القريبة من القلوب، واستخدمها بوصلة لتوجيه طريقك نحو حياة مفعمة بالنِعم والحِكم، ولتجعل قصته تذكيراً لك بأن الحكمة لا تقتصر على العِلم والخبرة أو أحاديث النُخب، بل يمكن العثور عليها في التعاليم البسيطة والعميقة لأب يعلّم ابنه درر الحكمة.

مع قصة لقمان مرشداً لك، دعونا ننطلق في رحلة نحو النمو الشخصي والإثراء النفسي، وتعزيز عالم يتردد صداه مع فضائل التواضع والامتنان والسعي للعلم والمعرفة والحكمة.

الفصل الحادي عشر

ميزان النفس والغيب

﴿فمن أبصر فلنفسه﴾ 104 الأنعام.

﴿من عمل صالحًا فلنفسه﴾ 15 الجاثية.

﴿ومن يشكر فإنما يشكر لنفسه﴾ 12 لقمان.

﴿ومن تزكى فإنما يتزكى لنفسه﴾ 18 فاطر.

﴿ومن جاهد فإنما يجاهد لنفسه﴾ 6 العنكبوت.

﴿فمن اهتدى فإنما يهتدي لنفسه﴾ 92 النمل.

﴿ومن يبخل فإنما يبخل عن نفسه﴾ 38 محمد.

﴿فمن نكث فإنما ينكث على نفسه﴾ 10 الفتح.

﴿ومن يكسب إثمًا فإنما يكسبه على نفسه﴾ 111 النساء

توضـح لنـا الآيـات السـابقة مـدى المسؤولية الفرديـة، وتحمـل نتائجهـا صـورة أوضـح وأقـوى.

الفصل الثاني عشر

طرق اكتساب الحكمة

مـن خـلال تبنّـي التعاليـم الـواردة فـي القـرآن الكريـم، وإتبـاع مـا جـاء فـي قصـة لقمـان، أنـت تعـزز الحكمـة الكفيلـة بإضـاءة مسـاراتك، وإثـراء نفسـك، وتطويـر وتحسـين الحيـاة، وتوريـث كنـوز كبيـرة مـن الحكمـة للأبنـاء والأجيـال القادمـة.

الحكمــة نـور: يقذفـه الله فـي قلـب الإنسـان المؤمـن، إذا صفـا قلبـه، وتنـورت بصائـره، وتعـرض لنفحـات إيمانيـة، وابتعـد عـن أخطـاء الدنيـا.

«الحِكْمَـة عبـارة عـن العلـم المتَّصـف بالأحكـام، المشـتمل علـى المعرفــة بـالله تبـارك وتعالـى، المصحـوب بنفـاذ البصيـرة، وتهذيـب النَّفـس، وتحقيـق الحـقِّ، والعمـل بـه، والصـدِّ عـن اتّبـاع الهـوى والباطـل، والحَكِيـم مـن لـه ذلـك». **الإمـام النـووي**

«الحِكْمَة هي فعل ما ينبغي، على الوجه الذي ينبغي، في الوقت الذي ينبغي». **ابن القيّم**

مدرسة الحياة: بالاستفادة من خبراتك وتجاربك، وكذلك تجارب وخبرات الأهل وأصحاب الحكمة، وأخذ الحَيْطة لأمر الدِّين والدُّنيا، فالتَّجارب النافعة هي التي تُكْسِب صاحبها الحِلم والحِكْمَة.

مجالسة أهل العلم والصَّلاح: بالاستفادة من مجالستهم واستثمار الوقت معهم، ومصاحبة الأصدقاء المخلصين الأوفياء، والاختلاط بهم، لذا كان لُقْمان يقول لابنه وهو يوصيه ويدُلُّه على طريق الحِكْمَة: «يا بُنَيَّ، جالس العلماء وزاحمهم بركبتيك، فإنَّ الله يحيي القلوب بنور الحِكْمَة، كما يحيي الأرض الميّتة بوابل السَّماء».

العبادة الحقَّة لله سبحانه: بالارتباط الوثيق بها، وتجنّب المعاصي، وطرد الهوى، كلُّ ذلك من طُرُق نَيْل الحِكْمَة، فعن الحسن البصري، قال: «من أحسن عبادة الله في شبيبته، اعطاه الله الحِكْمَة عند كِبَر سِنِّه».

قال تعالى ﴿وَلَمَّا بَلَغَ أَشُدَّهُ وَاسْتَوَى آتَيْنَاهُ حُكْمًا وَعِلْمًا وَكَذَلِكَ نَجْزِي الْمُحْسِنِينَ﴾ (القصص14).

وقال ابن الجوزي:

«لكلِّ باب مفتاح، ومفتاح الحِكْمَة طرد الهوى».

التفقُّه في الدِّين: وهو من الخير الكثير الذي أشارت إليه الآية، قال تعالى ﴿يُؤْتِي الْحِكْمَةَ مَن يَشَاء وَمَن يُؤْتَ الْحِكْمَةَ فَقَدْ أُوتِيَ خَيْرًا كَثِيرًا وَمَا يَذَّكَّرُ إِلاَّ أُوْلُواْ الأَلْبَابِ﴾ (البقرة:269).

الكسب الحلال: تحرِّي الحلال في المأكل والمشرب والملبس وشأنك كلِّه، سبب في نَيْل الحِكْمَة والوصول إلى مصافِّ الحكماء.

استشارة الخبراء: استشارة ذوي الخبرة والتَّجربة من المُحسنين الصَّالحين الأوفياء، لتزداد بصيرة بالنتائج.

الصمت والتحدّث: التَّحلِّي بالصَّمت عمَّا لا فائدة منه، طريق إلى اكتساب الحكمة، فالحَكيم يُعرف بالصَّمت وقلَّة الكلام، وإذا تكلَّم نطق بالحقِّ وتلفَّظ بالخير، أو التزم الصمت، ففي الصَّحيحين عن أبي هريرة رضي الله عنه أنَّ النَّبي قال: «من كان يؤمن بالله واليوم الآخر، فليقل خيراً، أو ليصمت».

التكلّف: ما ذكره لقمان الحكيم عندما سئل:

أنَّى أُوتي الحِكْمَة؟ قال بشيئين:

«لا أتكلَّف ما كُفِيت، ولا أضيِّع ما كُلِّفت».

الفصل الثالث عشر

خلاصات مهمّة

- تُشكِّل وصايا لقمان لابنه منهاجاً تربوياً على الآباء والمربيـن والمُعلمين والإعلاميين والمعنيين اعتماده في تربية الأبنـاء والأجيـال، وأن نصائـح لقمـان الحكيـم، أهمها وأولها، الإيمـان بالإلـه الواحد الأحد الفرد الصمـد.

- بعد إثبـات وترسـيخ أسـس الإيمـان، يذكّر لقمان ابنـه بالقيم الأساسية، التي يجب على الإنسـان أن يسعى لاكتسابها.

- إن أسـس التربيـة الأربعـة **العقيـدة والعبـادة والأخـلاق والدعـوة** تحتاج إلى تفكير عميـق مـن المختصين، لاكتشـاف وتوليـد رؤى تربوية مختصـة، تراعي تلبية احتياجـات الأبنـاء النفسـية والعقليـة والحركيـة، وتطبـق فـي الأسـرة والمدرسـة والإعـلام، يُوَفِّرُ تنزيلُها عبـر وسـائل وأساليب وإمكانـات مادية بيئـةً تربويـة سـليمة، تُحفظ فيها الفِطَـرُ، وتَنْشـأ فيها أجيـال قـادرة علـى بنـاء المجتمـع والأمـة فـي الميادين كافة.

- إن عالـم الأبنـاء والناشـئة والشـباب، ميـدان التطويـر والتغييـر الحقيقـي، ومحـل استشـراف المسـتقبل وتشـكيله وتحديـد رؤيتـه.

- عندمـا يتمكـن الآبـاء والمعلمـون ومقدمـو العنايـة والرعايـة مـن تعليـم وترسـيخ وصايـا ونصائـح لقمـان إلـى الأبنـاء، ويتمكـن هـؤلاء الأبنـاء مـن تبنّـي هـذه النصائـح والسـلوكيات، فإنهـم يضعـون الأسـس لحيـاة أكثـر أمانـاً وإيمانـاً واستقرارـاً وتسـامحاً وتوازنـاً، فيهـا الرؤى واضحـة وغنيـة بالأهـداف والطموحـات.

الفصل الرابع عشر

نصائح للأبناء والأجيال

نصائح للأبناء والأجيال يجب أن يتذكروها دوماً:

الشكر حتى لا تحرموا الزيادة ..

﴿وَإِذْ تَأَذَّنَ رَبُّكُمْ لَئِن شَكَرْتُمْ لَأَزِيدَنَّكُمْ﴾ (ابراهيم7)

الذِكر حتى لا تحرموا ذكر الله ..

﴿فَاذْكُرُونِي أَذْكُرْكُمْ﴾ (البقرة152)

الدعاء حتى لا تحرموا الاستجابة..

﴿وَقَالَ رَبُّكُمُ ادْعُونِي أَسْتَجِبْ لَكُمْ﴾ (غافر60)

الاستغفار حتى لا تحرموا النجاة ..

﴿وَمَا كَانَ اللَّهُ مُعَذِّبَهُمْ وَهُمْ يَسْتَغْفِرُونَ﴾ (الأنفال33)

الإلتزام بالقول التالي:

الله معي..

الله ناظري ..

الله مُطّلع عليّ..

الخاتمة:

مسؤولية الآباء والأمهات والمربين والمعلمين والمعلمات جماعية، حتى سنٍ معينة من العمر، وبعدها تصبح هذه المسؤولية فردية، لأن الشخص أصبح مكلفاً وعارفاً بما ينفعه ويضره.

إن المسؤولية الفردية وتحمّل نتائجها، مشروع شخصي لكل فرد من أفراد الأسرة والمجتمع، فلنبادر لمساعدة الآخرين لهذا المشروع الشخصي، ويجب ألا نقصّر في ذلك.

فاعمل لنفسك واجتهد لنجاحها وفلاحها، وجاهد لمساندة ومساعدة الآخرين، قال تعالى ﴿ وَنَضَعُ ٱلْمَوَٰزِينَ ٱلْقِسْطَ لِيَوْمِ ٱلْقِيَٰمَةِ فَلَا تُظْلَمُ نَفْسٌ شَيْئًا وَإِن كَانَ مِثْقَالَ حَبَّةٍ مِّنْ خَرْدَلٍ أَتَيْنَا بِهَا وَكَفَىٰ بِنَا حَاسِبِينَ ﴾ (الأنبياء47)

قال تعالى

﴿ وَقُل رَّبِّ أَدْخِلْنِي مُدْخَلَ صِدْقٍ وَأَخْرِجْنِي مُخْرَجَ صِدْقٍ وَاجْعَل لِّي مِن لَّدُنْكَ سُلْطَانًا نَصِيرًا ﴾ (الإسراء80)

نجاتك يوم القيامة مشروع شخصي، فاعمل لنفسك واجتهد لنجاتها والفوز بالجنة.

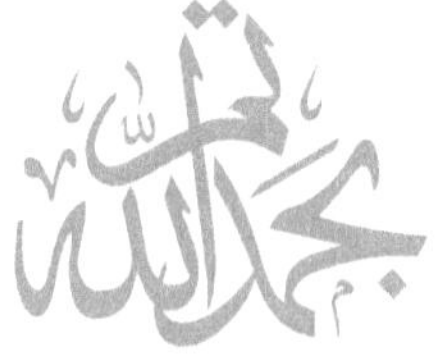

رغبــة مـن (السـمو انترناشـيونال) في تشـجيع الأبحـاث والدراسـات المختلفـة، ودعمـا للكتّـاب والمبدعـين والطـلاب في إنجـاز أبحـاثهـم ودراسـاتهم، يسـرنا اسـتقبال الأفـكار والآراء المختلفـة وفقـا لمـا يلـي:

أن يكون البحث جديدا وأصيلا، ويشكّل إضافة معرفية وعلمية.

أن يقـدم صاحـب البحـث إطـارا او تصـورا عامـا عـن البحـث لإجازتـه (مبدئيـا) مـن قبـل اللجنـة العلميـة في الشـركة.

منفتحـون في (السـمو انترناشـيونال) علـى دعـم الكتابـة والتأليـف في المجـالات كافة، شـريطة احتـرام المعاييـر الوطنيـة والمجتمعيـة والأخلاقيـة والإنسـانية عمومـا، وللـدول العربيـة خصوصـاً.

تلتـزم (السـمو انترناشـيونال) بالحفـاظ علـى السـرية والأمانـة العلميـة، وكل مـا يتعلـق بحقـوق الملكيـة الفكريـة.

للحصـول علـى معلومـات إضافيـة، يمكنكـم التواصـل عبـر الهاتـف والواتسـاب: 00971504835600

بريد إلكتروني: info@alsumu.com